吟诵艺术教程

黄钟士

一级

（全三册）上册

徐健顺 主编

朝華出版社
BLOSSOM PRESS

图书在版编目（CIP）数据

吟诵艺术教程黄钟十一级 ： 全三册 / 徐健顺主编
. -- 北京 ： 朝华出版社, 2021.8
ISBN 978-7-5054-4828-5

Ⅰ. ①吟… Ⅱ. ①徐… Ⅲ. ①朗诵学 Ⅳ. ①H019

中国版本图书馆CIP数据核字(2021)第149949号

吟诵艺术教程黄钟十一级（全三册）

作　　者　徐健顺

责任编辑　王　丹
责任印制　陆竞赢
封面设计　奉新梅

出版发行　朝华出版社
社　　址　北京市西城区百万庄大街24号　　**邮政编码**　100037
订购电话　（010）68996050　68996522
传　　真　（010）88415258（发行部）
联系版权　zhbq@cipg.org.cn
网　　址　http://zhcb.cipg.org.cn
印　　刷　天津联城印刷有限公司
经　　销　全国新华书店
开　　本　889mm×1194mm　1/16　　**字　　数**　90千字
印　　张　18
版　　次　2021年8月第1版　2021年8月第1次印刷
装　　别　平
书　　号　ISBN 978-7-5054-4828-5
定　　价　150.00 元（全三册）

《吟诵艺术教程黄钟士一级》编委会

（排名不分先后）

主　编　徐健顺

副主编　赖国辉　杨　言　王　伊

编　委　穆　兰　张　倩　张芳宁

吟　诵　徐健顺　杨　言　张津榕　金枫雅　尹香凝　郑　峥
刘晗稞　张明轩　陈婧鑫　郝东瑾　孙悦溪　黄心怡
李梓桐　汪易刚　孔嘉沂　廖鹏越　韩孟子暄
成都泡桐树小学　西区分校吟诵团　北京小院吟诵团

伴　奏　王　伊　杨　言　杨　芬

前 言

有一种艺术在耳边隐约回响，有一种艺术在中国绵延千年，有一种艺术徘徊于李白、杜甫的口齿之间，流转于宝钗、黛玉的眉目之前——吟诗。

中国古代的诗都是吟着创作出来的，也是吟着学习、吟着欣赏、吟着传承的。因为汉语不同于英语等西方的语言，汉语有声调，而且声调有升也有降，特别接近音乐的旋律，所以，自古以来，中国人都是见字就唱，农民张口就唱山歌，文人张口就吟诗。中国古代没有职业的作曲家，谁想唱歌谁就自己编曲。自己作词、自己作曲、自己伴奏、自己唱，立刻唱，都是即兴的。

这种编曲、作诗的方法，今天称之为“吟诵”，这是“语文”一词的创造者叶圣陶先生和中国现代音乐学先驱赵元任先生共同命名的。汉族，一直都是能歌善舞的。吟诵，是汉族语文和音乐学习的根本性方法。

吟诵艺术课程，不仅教你作诗、作曲、吟诵，还教你：怎样理解和鉴赏古诗文，提高语文成绩；怎样吐气发声歌唱吟咏，掌握一门中国传统的高雅艺术；怎样积累吟诵舞台表演的经验；怎样咬字发音，抑扬顿挫，锻炼演讲交流的口才。中华文化，原本就是交叉贯通的综合艺术。学习中华优秀传统文化，做一个有文化、有教养、有艺术才能的高雅的中国人，吟诵是简单、有趣、丰富、实用的途径之一。

为了支持大家的吟诵艺术学习，我们还特别申报组织了吟诵艺术的等级考试。这样，每隔一段时间，学生就可以对自己的学习有一个检验的机会。吟诵考级一共九级，每一级都有一个古雅美丽的名字，分别是：黄钟士、大吕士、太簇士、夹钟士、姑洗士、仲吕士、蕤宾士、林钟士、夷则士（此外还有南吕士、无射士、应钟士这三个荣誉级别）。

十二个等级即取自中国古代十二音律的名称。做一个高雅的小小文人艺术家，让我们就从吟诵开始吧！

徐健顺

2021 年 7 月

目录

第一单元

第一课

发声歌唱

1. 体态要自然——站姿

· 要领：双脚分开站立，全脚掌触地，保持身体稳定，可前后左右轻轻摇晃而不摔倒。双手放于身体两侧，自然下垂。双肩放松，微微含胸。目视前方，下巴微收。体态自然舒展，呼吸平稳顺畅。

· 技巧：若起初站不稳，可以用脚趾微微抓地。（见图 1-1）

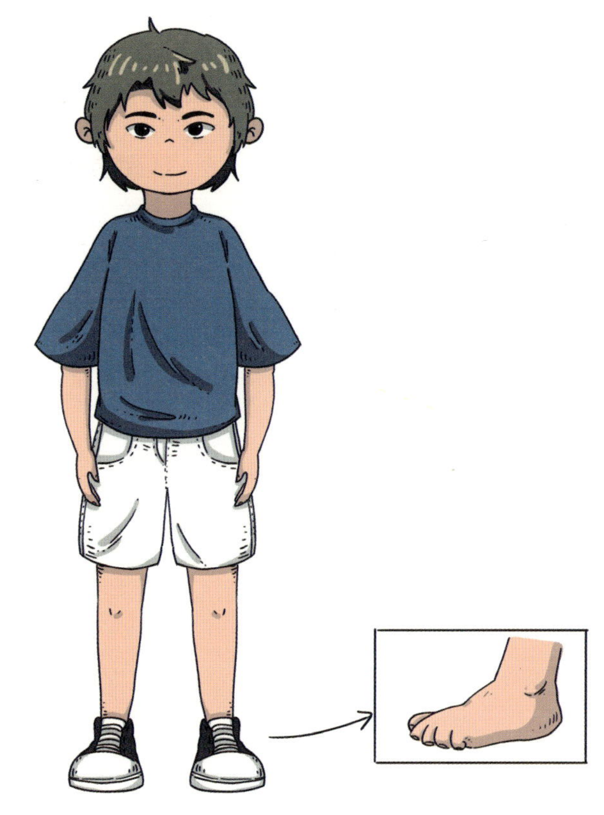

图 1-1

2. 呼吸有方法

胸式呼吸

· **说明**：**胸式呼吸是吟诵常用的呼吸方法之一，吸气较浅，气息较弱。多用于表现细腻、柔弱的声音。**

· **要领**：**吸气时胸腔鼓胀，呼气时小腹回收。**

· **技巧**：**两手叠放于小腹上，感受呼气时小腹向里收回。**（见图 1–2）

· **练习**：**胸式呼吸一组两次，共两组。**

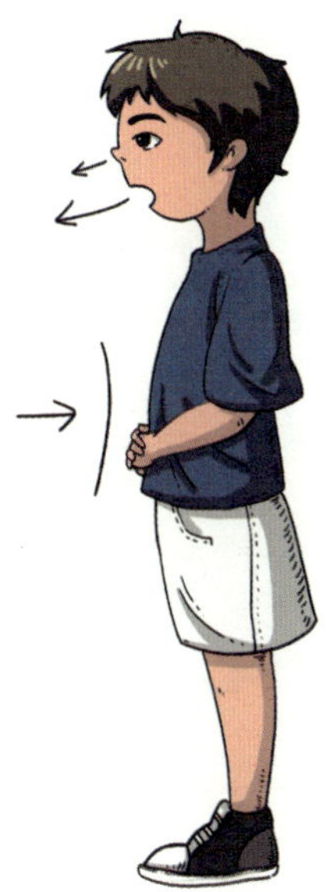

图 1–2

附加练习：音高须准确。

音准训练：你能唱准音阶吗？

3. 吐字要清晰

韵　　母	ɑ
字词练习	fā 发　dà shà 大厦

4. 声音有含义

每个声音都有它的含义，“汉语拼音音义操”（以下简称“音义操”）就是用身体动作模仿发音的含义。我们来学“音义操”，感受声音的含义吧！

今天学习“a”的音义动作。（见图 1–3）

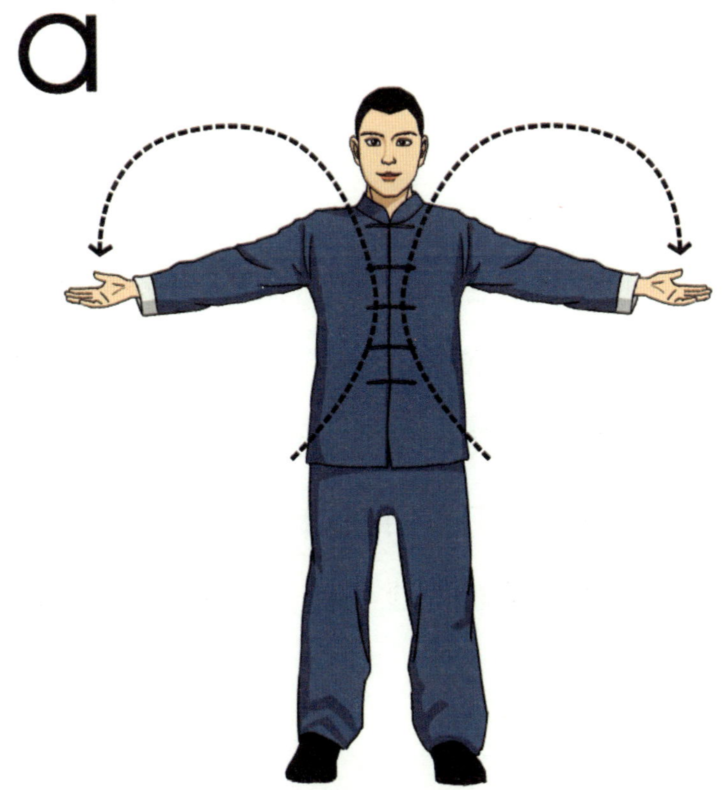

打开　开放

图 1–3

吟诵知识

初识吟诵

吟诵是古代传统的读书方法，自古读书皆吟诵。吟诵包括有旋律的吟咏和没有旋律的读诵。自古以来，读书人都是用吟诵来学习、创作、传授古诗文的。只有用吟诵的方法才能把古诗文的内涵和韵味充分地表达出来，让古诗文学习变得生动有趣！

从今天起，让我们一起来感受吟诵、学习吟诵吧！

1. 古代吟诵

宋·梁楷《太白行吟图》

图 1–4

明·吴伟《观瀑吟诗图》

图 1–5

张大千《李杜行吟图》

图 1–6

2. 当代吟诵

图 1-7

朱东润 吟 唐 韩愈
《张中丞传后叙》

图 1-8

徐健顺 吟 战国 屈原
《离骚》

图 1-9

山西长治友谊小学 吟
《千字文》《百家姓》

第二课

认识文字谱

吟诵谱有许多种，今天我们学习最基础的文字谱。文字谱把古诗文的读法直观地显示了出来：上下两行表示音调的相对高低；每个字后面的点数表示读音的长短，没有点的读得最短，点最多的读得最长。看着文字谱我们就可以吟诵啦！

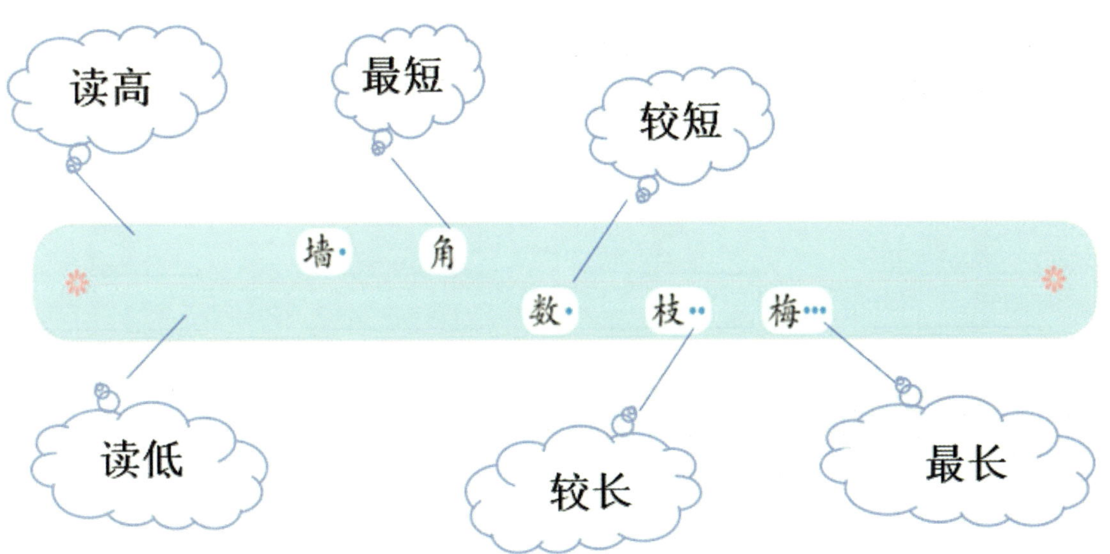

我会吟诵

1. 画声调

普通话有四个声调，你会画声调吗？

一声平	二声扬	三声拐弯	四声降
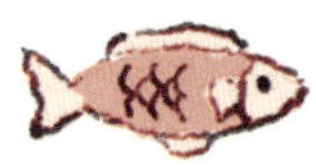			
a	a	a	a

大家伸出手，边读边模仿声调符号，画出四声。

2. 练读诵

吟诵有很多种形式，其中没有音乐旋律的称为“读诵”。现在让我们开始学习读诵吧！看着文字谱，伸出手指，跟随老师一边比出声调，一边读诵下面两首诗吧！

弹　歌

上古歌谣

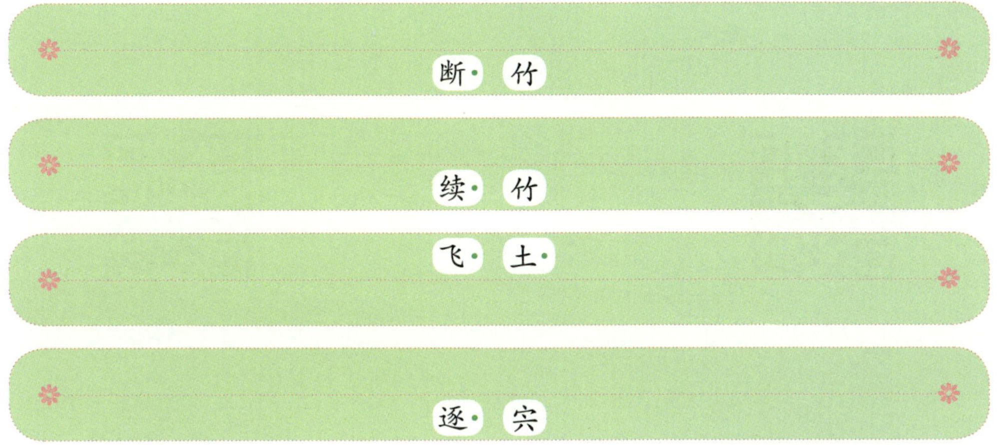

读诵

吟咏

蜡　辞

上古歌谣

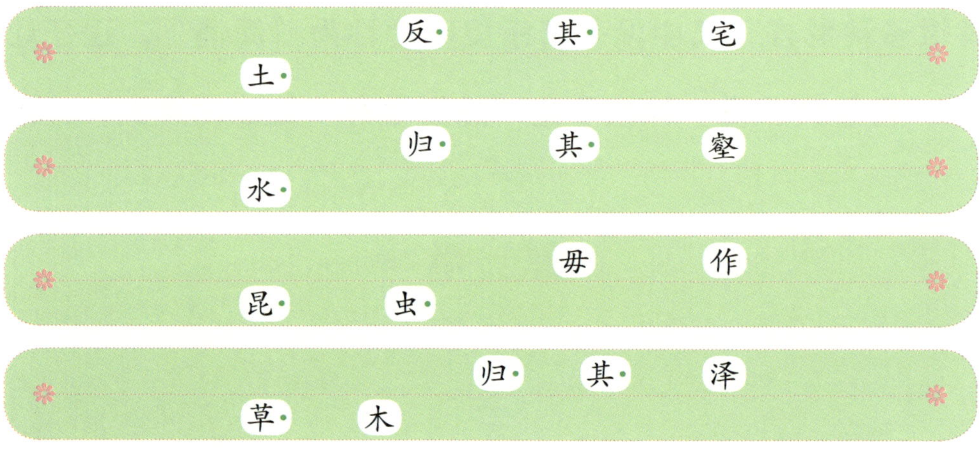

读诵

吟咏

3. 模仿吟咏

学会了读诵，再来试试吟咏吧！

看着文字谱，跟老师一起模仿吟咏《弹歌》和《蜡辞》。

我能听懂

下面这些字，老师每个字都会读两遍，你能听出老师哪次读得高，哪次读得低吗？

◎　风　风

◎　东　东

◎　江　江

◎　心　心

第三课

学吟天地

吟诵有很多种形式，其中有音乐旋律的称为“吟咏”。现在让我们开始模仿吟咏吧！

三字经（节选1）

人之初 性本善 性相近 习相远
苟不教 性乃迁 教之道 贵以专
昔孟母 择邻处 子不学 断机杼
窦燕山 有义方 教五子 名俱扬
养不教 父之过 教不严 师之惰
子不学 非所宜 幼不学 老何为

《三字经》（节选1）吟咏

姿态训练：伴随着吟诵，可以让身体有节奏地左右摇晃。

第四课

吟诵舞台

同学们，请看课堂上老师的示范，特别要注意观察老师在吟诵时的神态和动作。你可以为大家展示一下本单元学的《三字经》（节选1）吗？登上吟诵舞台，为更多人表演吟诵吧！

\\ 展演小贴士 //

1. 吐气发声：吟诵时，做到声音清晰明亮，音高准确，咬字有力，气息稳定。

2. 姿态动作：吟诵“人之初”时，肃立体态，多字一拍；吟诵“性本善”时，加入拱手。

3. 礼仪规范：上台时，先站立，行礼；结束时，行礼收式。

学而时习

《三字经》吟诵的节律均匀，旋律循环往复。你能接着往下吟诵一段吗？

三字经（节选 2）

玉不琢 不成器 人不学 不知义

为人子 方少时 亲师友 习礼仪

香九龄 能温席 孝于亲 所当执

融四岁 能让梨 弟于长 宜先知

首孝弟 次见闻 知某数 识某文

一而十 十而百 百而千 千而万

三才者 天地人 三光者 日月星

三纲者 君臣义 父子亲 夫妇顺

第二单元

第一课

发声歌唱

1. 体态要自然——站姿

放松站立，开始发声歌唱的练习吧！（见图 2-1）

图 2-1

2. 呼吸有方法

胸式呼吸

· **练习：胸式呼吸一组两次，共两组。**（见图 2-2）

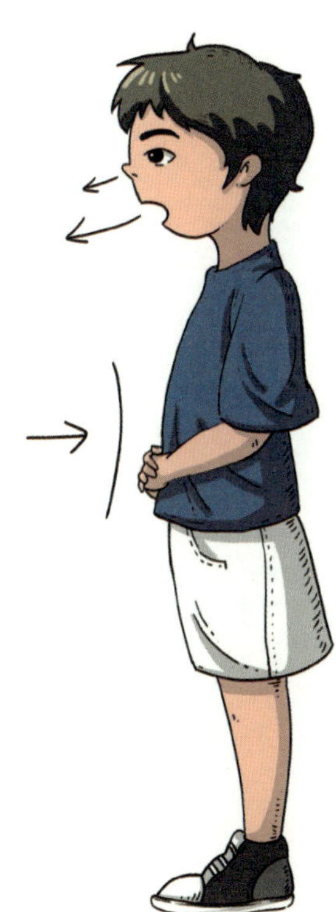

图 2-2

附加练习：音高须准确。

音准训练：你能唱准音阶吗？

3. 吐字要清晰

韵　　母	o
字词练习	pò 破　pō mò 泼墨

4. 声音有含义

一起来做“音义操”。今天我们学习“o”的音义动作。（见图 2-3）

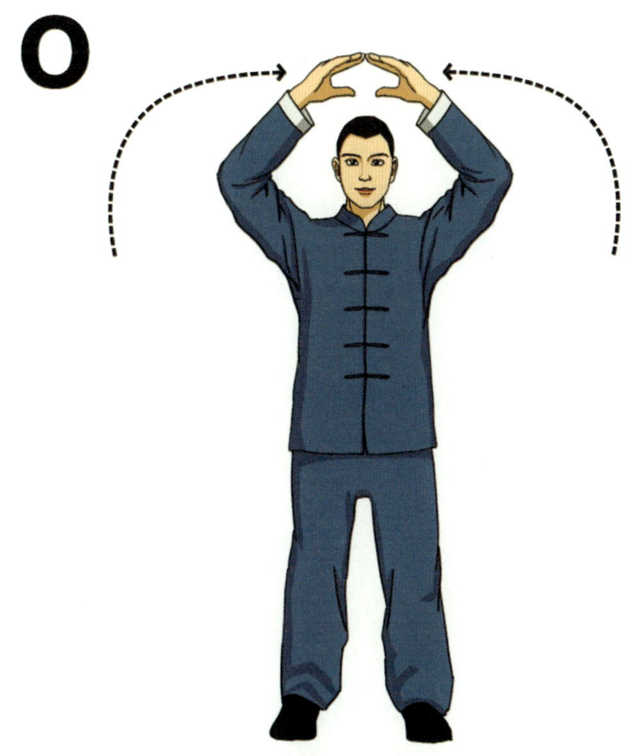

圆形　通透

图 2-3

吟诵知识

吟诵是自古以来的学习方式

在古代，一个学生想参加科举，需要理解并背诵超过六十万字的《十三经注疏》，他们是怎么做到的呢？

秘诀只有一个——吟诵。

在古代学校中，学习的过程就是老师吟诵一句，学生模仿着吟诵一句。当学生和老师吟诵的句读、音调、高低长短、轻重缓急，甚至动作和神态都一模一样时，就算是学会了。可见，在古代，学习古诗文的过程就是吟诵的过程。

让我们看看古代中国人是怎么学习的。

· 孔子授学图

图 2-4

· 古代私塾上课图

图 2-5

第二课

我会吟诵

1. 画声调

普通话有四个声调，你会画声调吗？

一声平	二声扬	三声拐弯	四声降

o	o	o	o

大家伸出手，边读边模仿声调符号，画出四声。

2. 练读诵

看着文字谱，伸出手指，跟随老师一边比出声调，一边读诵下面两首诗吧！

击壤歌

上古歌谣

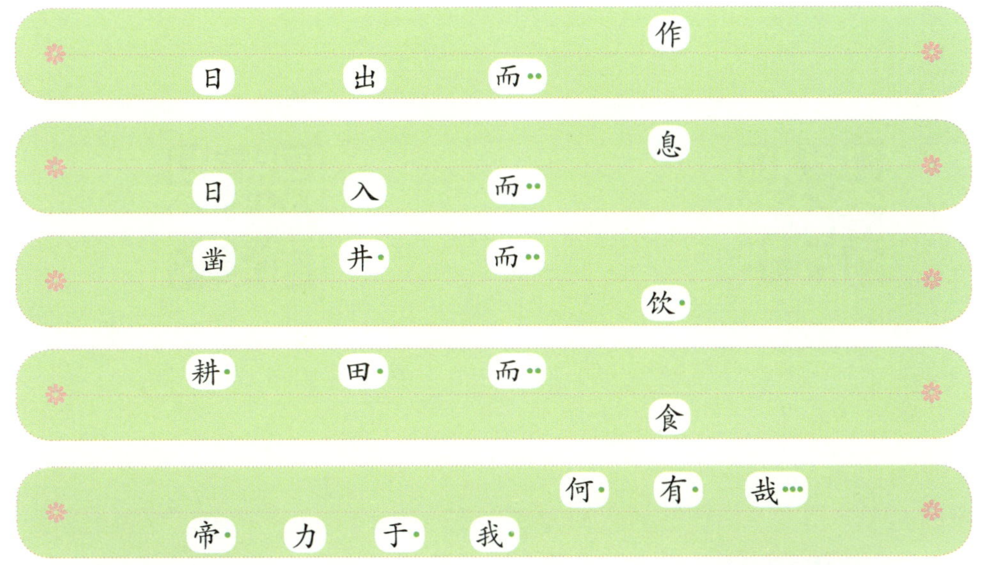

读诵

吟咏

盘　铭

上古歌谣

读诵

吟咏

3. 模仿吟咏

学会了读诵，再来试试吟咏吧！

看着文字谱，跟老师一起模仿吟咏《击壤歌》和《盘铭》。

我能听懂

下面这些字，老师每个字都会读两遍，你能听出老师哪次读得高，哪次读得低吗？

◎ 春 春

◎ 门 门

◎ 晓 晓

◎ 夏 夏

第三课

学吟天地

三字经（节选3）

曰春夏 曰秋冬 此四时 运不穷

曰南北 曰西东 此四方 应乎中

曰水火 木金土 此五行 本乎数

曰仁义 礼智信 此五常 不容紊

稻粱菽 麦黍稷 此六谷 人所食

马牛羊 鸡犬豕 此六畜 人所饲

曰喜怒 曰哀惧 爱恶欲 七情具

匏土革 木石金 丝与竹 乃八音

《三字经》（节选3）吟咏

姿态训练：伴随着吟诵，可以让身体有节奏地左右摇晃。

第四课

吟诵舞台

同学们，请看课堂上老师的示范，特别要注意观察老师在吟诵时的神态和动作。你可以为大家展示一下本单元学的《三字经》（节选 3）吗？

\\ 展演小贴士 //

1. 吐气发声：吟诵时，做到声音清晰明亮，音高准确，咬字有力，气息稳定。

2. 姿态动作：一拍一击掌，最后一字一击掌。

3. 礼仪规范：上台时，先站立，行礼；结束时，行礼收式。

学而时习

《三字经》吟诵的节律均匀，旋律循环往复。你能接着往下吟诵一段吗？

三字经（节选 4）

高曾祖　父而身
身而子　子而孙
自子孙　至玄曾
乃九族　人之伦
父子恩　夫妇从
兄则友　弟则恭
长幼序　友与朋
君则敬　臣则忠
此十义　人所同

第三单元

第一课

发声歌唱

1. 体态要自然——站姿

放松站立，开始发声歌唱的练习吧！（见图 3-1）

图 3-1

2. 呼吸有方法

（1）胸式呼吸

· **练习：胸式呼吸一组两次，共两组。**（见图 3-2）

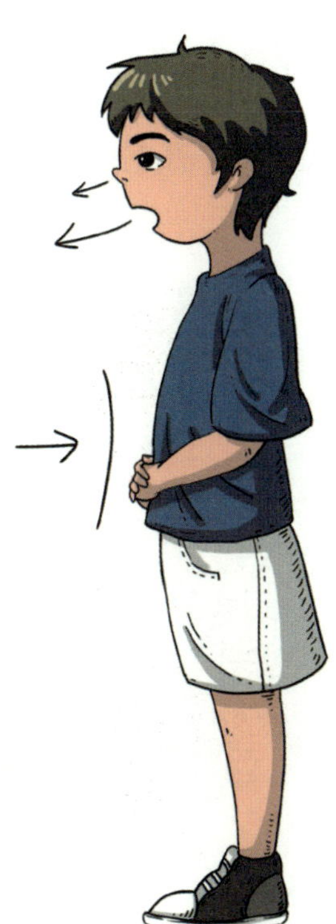

图 3-2

（2）腹式呼吸

· 说明：腹式呼吸是吟诵最常用的呼吸方式。吸气最深最满，气息充沛。多用于表现广大、有力的声音。

· 要领：吸气时胸腔鼓胀，双肩微耸；呼气时双肩下沉，气息随之下沉，小腹鼓胀。小腹位于肚脐下方三寸，也就是丹田。

· 技巧：双手叠放于小腹上，感受呼气时小腹向外鼓胀，双肩放松下沉。（见图 3–3）

· 练习：腹式呼吸一组两次，共两组。

图 3–3

3. 发声有技巧——腹式发声技巧

叹气

· 说明：身体放松才能够找到气沉丹田的感觉，而叹气是身体最放松的时刻。

· 要领：真实的叹气，会有身体瞬间完全放松的感觉。感受到上身下沉，气息入腹。可以发出声音。

· 技巧：双手叠放于丹田之上，感受叹气时小腹向外鼓胀，双肩放松下沉。（见图 3–4）

· 练习：叹气 3–5 次，两次叹气间隔几秒。用叹气的方式寻找腹式呼吸的感觉。

图 3–4

附加练习：音高须准确。

音准训练：你能唱准音阶吗？

4. 吐字要清晰

韵　　母	e
字词练习	hé 河　chē zhé 车辙

5. 声音有含义

一起来做“音义操”。今天我们学习“e”的音义动作。（见图 3-5）

e

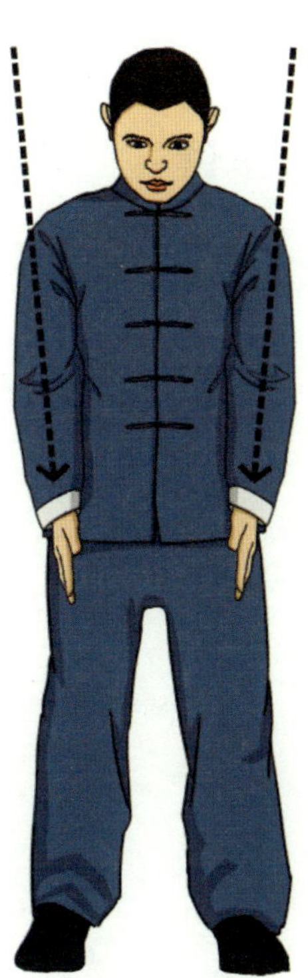

过程　延续

图 3-5

吟诵知识

吟诵和汉诗文的关系

古人把创作诗文称为“作诗”“作文”，汉诗文的创作传统基本上是先吟后写。

“作”即是通过“吟”的方式进行的，如李白“吟诗作赋北窗里”。吟和作是互通的。

注释：
汉诗文，汉语的诗歌和文章。

1. 灵感来啦，张口读出来；

2. 反复吟咏琢磨声律；

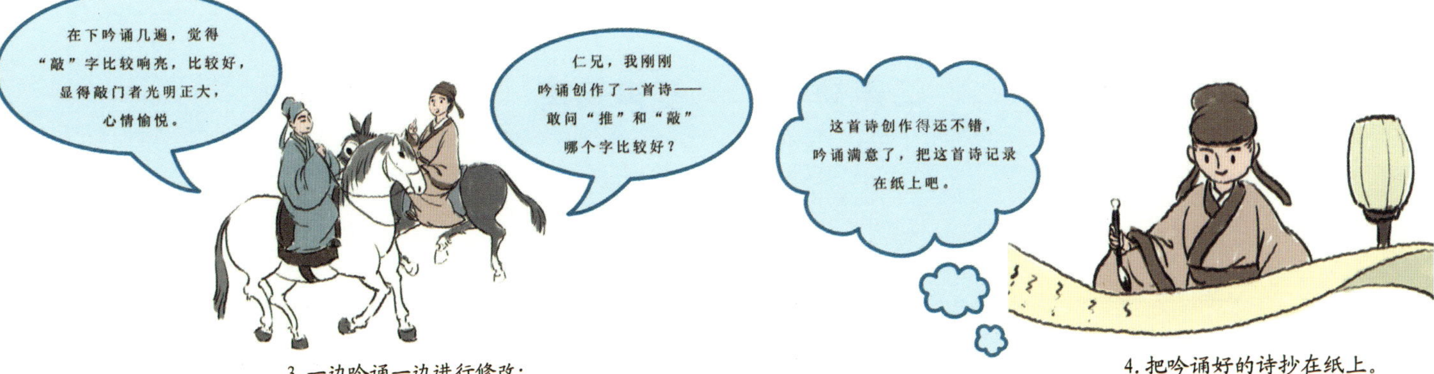

3. 一边吟诵一边进行修改；

4. 把吟诵好的诗抄在纸上。

图 3-6

先“吟”——后“写”

第二课

我会吟诵

1. 画声调

普通话有四个声调，你会画声调吗？

一声平　　二声扬　　三声拐弯　　四声降

e　　e　　e　　e

大家伸出手，边读边模仿声调符号，画出四声。

2. 练读诵

看着文字谱，伸出手，跟随老师一边比出声调，一边读诵下面两首诗吧！

卿云歌（节选）

上古歌谣

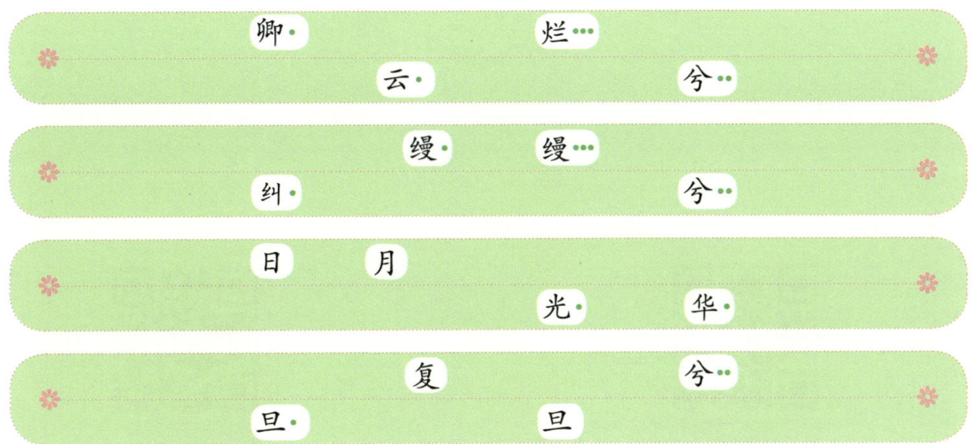

读诵

吟咏

孺子歌

上古歌谣

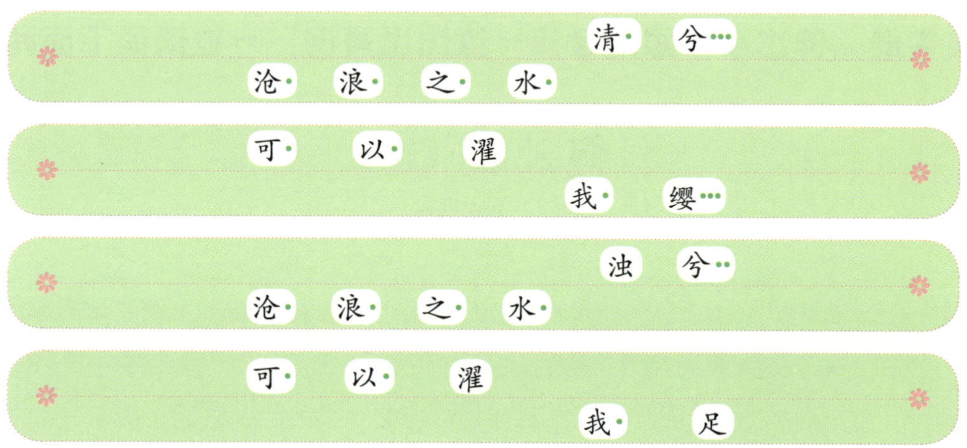

读诵

吟咏

3. 模仿吟咏

学会了读诵，再来试试吟咏吧！

看着文字谱，跟老师一起模仿吟咏《卿云歌》和《孺子歌》。

我能听懂

高低音听赏训练 1：下面这些字，老师每个字都会读两遍，你能听出老师哪次读得高，哪次读得低吗？

◎ 光　光

◎ 霜　霜

高低音听赏训练 2：下面这些词，老师每个词都会读两遍，你能听出老师哪次读得高，哪次读得低吗？

◎ 鲜花　鲜花

◎ 明白　明白

◎ 爽朗　爽朗

◎ 快乐　快乐

第三课

学吟天地

三字经（节选 5）

凡训蒙 须讲究 详训诂 明句读

为学者 必有初 小学终 至四书

论语者 二十篇 群弟子 记善言

孟子者 七篇止 讲道德 说仁义

作中庸 子思笔 中不偏 庸不易

作大学 乃曾子 自修齐 至平治

《三字经》（节选 5）吟咏

姿态训练：伴随着吟诵，可以让身体有节奏地左右摇晃。

吟诵舞台

第四课

同学们，请看课堂上老师的示范，特别要注意观察老师在吟诵时的神态和动作。你可以为大家展示一下本单元学的《三字经》（节选 5）吗？

\\ 展演小贴士 //

1. 吐气发声：吟诵时，做到声音清晰明亮，音高准确，咬字有力，气息稳定。

2. 姿态动作：学会左右摇头的动律吟诵，也可以借助打击乐器来敲打节奏，使吟诵更具趣味性。

3. 礼仪规范：上台时，先站立，行礼；结束时，行礼收式。

学而时习

《三字经》吟诵的节律均匀，旋律循环往复。你能接着往下吟诵一段吗？

三字经（节选 6）

孝经通 四书熟 如六经 始可读
诗书易 礼春秋 号六经 当讲求
有连山 有归藏 有周易 三易详
有典谟 有训诰 有誓命 书之奥
我周公 作周礼 著六官 存治体
大小戴 注礼记 述圣言 礼乐备
曰国风 曰雅颂 号四诗 当讽咏
诗既亡 春秋作 寓褒贬 别善恶
三传者 有公羊 有左氏 有谷梁
经既明 方读子 撮其要 记其事
五子者 有荀扬 文中子 及老庄
经子通 读诸史 考世系 知终始

第四单元

第一课

发声歌唱

1. 体态要自然——站姿

放松站立，开始发声歌唱的练习吧！（见图 4-1）

图 4-1

2. 呼吸有方法

（1）胸式呼吸

· **练习：胸式呼吸一组两次，共两组。**（见图 4–2）

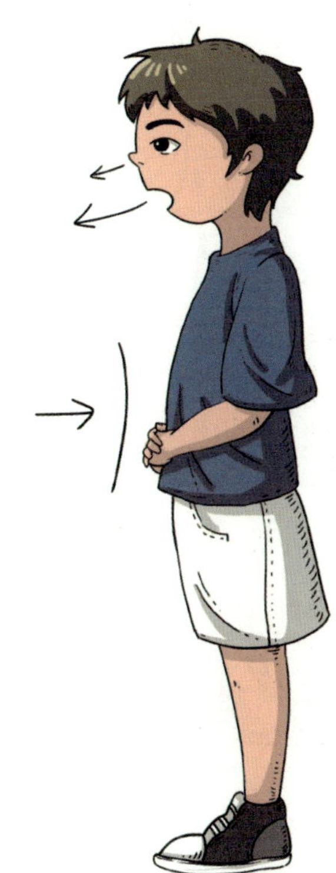

图 4–2

（2）腹式呼吸

· **练习：腹式呼吸一组两次，共两组。**（见图 4-3）

图 4-3

3. 发声有技巧——腹式发声技巧

叹气

· **练习：叹气 3–5 次，两次叹气间隔几秒。用叹气的方式寻找腹式呼吸的感觉。**

（见图 4–4）

图 4–4

附加练习：音高须准确。

音准训练：你能唱准音阶吗？

4. 吐字要清晰

韵　　母	i
字词练习	yì 翼　mì mì 秘密

5. 声音有含义

一起来做“音义操”。今天我们学习“i”的音义动作。（见图 4-5）

i

细小　细薄

图 4-5

吟诵知识

古代读书方式的统称

我们知道，传统读书的方式是吟诵，实际上吟诵是中华传统读书方式的统称。

古人读书的方式丰富多彩，有“歌”“唱”“诵”“念”“咏”“吟”“哦”“叹”“哼”“呻”“讽”“背”等。古人把这些读书方式统称为“读”。现在我们把古代的“读”叫作“吟诵”。古诗文中出现的“读书”“读书人”“读书声”等说法，其中的“读”就是我们现在所说的“吟诵”。

请你说一说，右面这副对联中的“读书声”指的是什么呢？把“读书声”换个说法，再读一读这副对联，你是不是更明白这副对联的含义了？

图 4-6

我会吟诵

1. 画声调

普通话有四个声调，你会画声调吗？

一声平　　二声扬　　三声拐弯　　四声降

i　　i　　i　　i

大家伸出手，边读边模仿声调符号，画出四声。

2. 练读诵

看着文字谱，伸出手，跟随老师一边比出声调，一边读诵下面两首诗吧！

琴　歌

上古歌谣

读诵

吟咏

渡易水歌

[先秦] 荆　轲

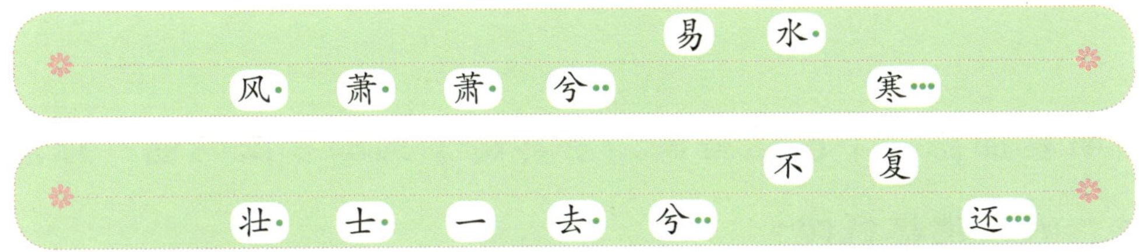

读诵

吟咏

3. 模仿吟咏

学会了读诵，再来试试吟咏吧！

看着文字谱，跟老师一起模仿吟咏《琴歌》和《渡易水歌》。

我能听懂

高低音听赏训练：下面这些词，老师每个词都会读两遍，你能听出老师哪次读得高，哪次读得低吗？

◎ 读诵 读诵

◎ 吟咏 吟咏

◎ 古诗 古诗

◎ 课本 课本

第三课

学吟天地

三字经（节选 7）

自羲农 至黄帝 号三皇 居上世

唐有虞 号二帝 相揖逊 称盛世

夏有禹 商有汤 周文武 称三王

夏传子 家天下 四百载 迁夏社

汤伐夏 国号商 六百载 至纣亡

周武王 始诛纣 八百载 最长久

《三字经》（节选 7）吟咏

姿态训练：伴随着吟诵，可以让身体有节奏地左右摇晃。

第四课

吟诵舞台

同学们，请看课堂上老师的示范，特别要注意观察老师在吟诵时的神态和动作。你可以为大家展示一下本单元学的《三字经》（节选 7）吗？

\\ 展演小贴士 //

1. 吐气发声：吟诵时，做到声音清晰明亮，音高准确，咬字有力，气息稳定。

2. 姿态动作：吟诵“自羲农”时，可以向斜上方行礼，结束时加入拱手。

3. 礼仪规范：上台时，先站立，行礼；结束时，行礼收式。

学而时习

《三字经》吟诵的节律均匀，旋律循环往复。你能接着往下吟诵一段吗？

三字经（节选 8）

周辙东 王纲坠 逞干戈 尚游说

始春秋 终战国 五霸强 七雄出

嬴秦氏 始兼并 传二世 楚汉争

高祖兴 汉业建 至孝平 王莽篡

光武兴 为东汉 四百年 终于献

魏蜀吴 争汉鼎 号三国 迄两晋

宋齐继 梁陈承 为南朝 都金陵

北元魏 分东西 宇文周 与高齐

第五单元

第一课

发声歌唱

1. 体态要自然——站姿

放松站立，开始发声歌唱的练习吧！（见图 5-1）

图 5-1

2. 呼吸有方法

（1）胸式呼吸

· **练习：胸式呼吸一组两次，共两组。**（见图 5-2）

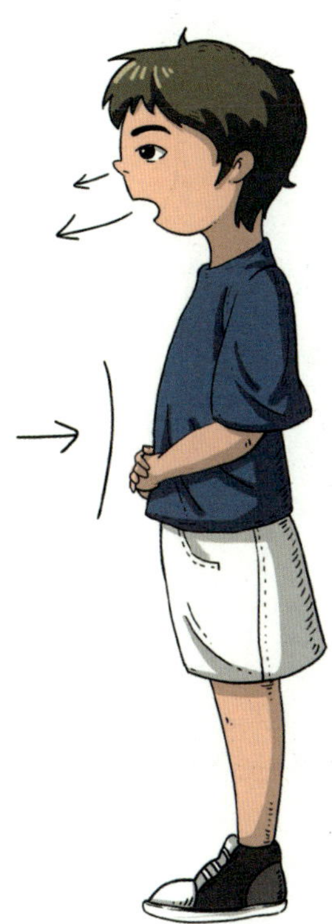

图 5-2

（2）腹式呼吸

· **练习：腹式呼吸一组两次，共两组。**（见图 5-3）

图 5-3

3. 发声有技巧——腹式发声技巧

叹气

· **练习：叹气 3–5 次，两次叹气间隔几秒。用叹气的方式寻找腹式呼吸的感觉。**

（见图 5–4）

图 5–4

附加练习：音高须准确。

音准训练：你能唱准音阶吗？

4. 吐字要清晰

韵　　母	u
字词练习	wū 屋　hū 呼　chū 出

5. 声音有含义

一起来做“音义操”。今天我们学习“u”的音义动作。（见图 5-5）

u

舒展　绵长

图 5-5

吟诵知识

吟诵有规矩

吟诵的旋律动听，节奏和谐，但这不是作曲者拍着脑袋想出来的。吟诵有一套天然的读法规矩，如平长仄短，平低仄高，等等。这套读法规矩，不是人为规定的，而是根据汉语语音的特点，自然而然产生的。根据规矩吟诵汉诗文，不仅好听，也能最直接充分地表达出汉诗文的含义。学会了这套读法规矩，人人都是最出色的“作曲者”！

读诵

吟咏

苔

[清] 袁枚

白日不到处，

青春恰自来。

苔花如米小，

也学牡丹开。

朗诵

唱歌

思考：你能听出吟诵（读诵、吟咏）和朗读、唱歌的不同之处吗？

第二课

我会吟诵

1. 画声调

普通话有四个声调，你会画声调吗？

一声平	二声扬	三声拐弯	四声降

u	u	u	u

大家伸出手，边读边模仿声调符号，画出四声。

2. 练读诵

看着文字谱，伸出手，跟随老师一边比出声调，一边读诵下面两首诗吧！

二人同心

《易经·系辞》

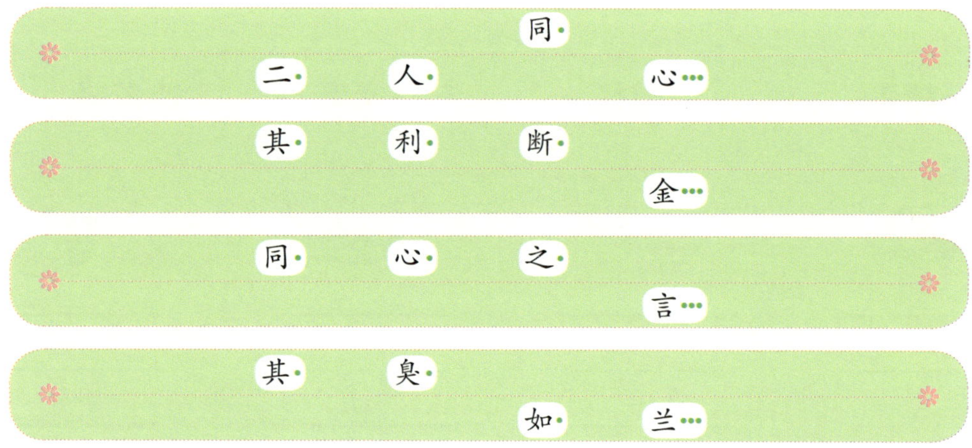

读诵

吟咏

三峡谣

晋·佚名

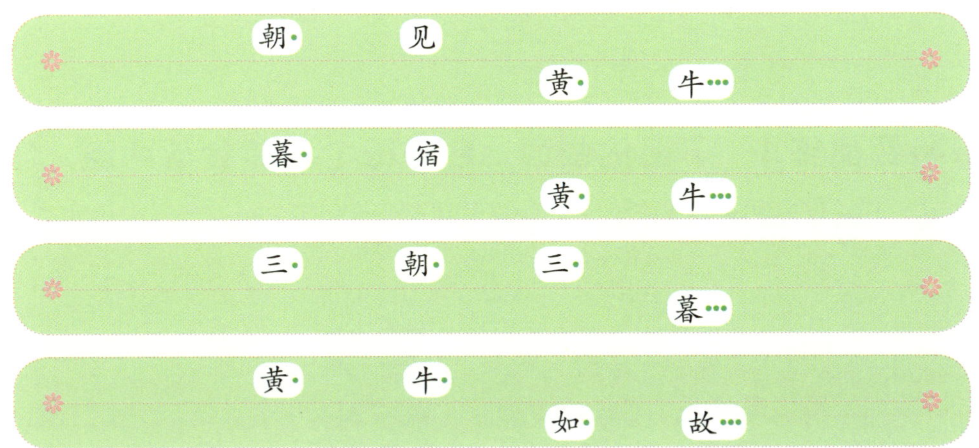

读诵

吟咏

3. 模仿吟咏

学会了读诵，再来试试吟咏吧！

看着文字谱，跟老师一起模仿吟咏《易经·系辞·二人同心》和《三峡谣》。

我能听懂

高低音听赏训练1：下面这些词，老师每个词都会读两遍，你能听出老师哪次读得高，哪次读得低吗？

◎ 语文 语文

◎ 数学 数学

◎ 音乐 音乐

高低音听赏训练2：由老师读下面的短语，听听哪次读得高，哪次读得低。

◎ 三尺剑 三尺剑

◎ 六钧弓 六钧弓

◎ 清暑殿 清暑殿

◎ 广寒宫 广寒宫

第三课

学吟天地

三字经（节选 9）

迨至隋　一土宇　不再传　失统绪

唐高祖　起义师　除隋乱　创国基

二十传　三百载　梁灭之　国乃改

梁唐晋　及汉周　称五代　皆有由

炎宋兴　受周禅　十八传　南北混

辽与金　帝号纷　迨灭辽　宋犹存

至元兴　金绪歇　有宋世　一同灭

并中国　兼戎狄　九十年　国祚废

《三字经》（节选 9）吟咏

第四课

吟诵舞台

同学们，请看课堂上老师的示范，特别要注意观察老师在吟诵时的神态和动作。你可以为大家展示一下本单元学的《三峡谣》吗？

\\ 展演小贴士 //

1. 姿态动作：吟诵“朝见黄牛”时可以做“遥看”舞姿；吟诵“黄牛如故”时可以行礼。

2. 礼仪规范：上台时，先站立，行礼；结束时，行礼收式。

学而时习

《三字经》吟诵的节律均匀，旋律循环往复。你能接着往下吟诵一段吗？

三字经（节选 10）

太祖兴 国大明 号洪武 都金陵

迨成祖 迁燕京 十六世 至崇祯

廿四史 全在兹 载治乱 知兴衰

读史者 考实录 通古今 若亲目

口而诵 心而惟 朝于斯 夕于斯

最美吟诵锦集

扫描查看更多内容

吟诵艺术教程

黄钟士一级（全三册）中册

徐健顺 主编

朝華出版社
BLOSSOM PRESS

图书在版编目（CIP）数据

吟诵艺术教程黄钟士一级 ： 全三册 / 徐健顺主编
. -- 北京 ： 朝华出版社， 2021.8
ISBN 978-7-5054-4828-5

Ⅰ. ①吟… Ⅱ. ①徐… Ⅲ. ①朗诵学 Ⅳ. ①H019

中国版本图书馆CIP数据核字(2021)第149949号

吟诵艺术教程黄钟士一级（全三册）

作　　者　徐健顺

责任编辑　王　丹
责任印制　陆竞赢
封面设计　奉新梅

出版发行　朝华出版社
社　　址　北京市西城区百万庄大街24号　　**邮政编码**　100037
订购电话　（010）68996050　68996522
传　　真　（010）88415258（发行部）
联系版权　zhbq@cipg.org.cn
网　　址　http://zhcb.cipg.org.cn
印　　刷　天津联城印刷有限公司
经　　销　全国新华书店
开　　本　889mm×1194mm　1/16　　**字　　数**　90千字
印　　张　18
版　　次　2021年8月第1版　2021年8月第1次印刷
装　　别　平
书　　号　ISBN 978-7-5054-4828-5
定　　价　150.00 元（全三册）

《吟诵艺术教程黄钟十一级》编委会

（排名不分先后）

前 言

有一种艺术在耳边隐约回响，有一种艺术在中国绵延千年，有一种艺术徘徊于李白、杜甫的口齿之间，流转于宝钗、黛玉的眉目之前——吟诗。

中国古代的诗都是吟着创作出来的，也是吟着学习、吟着欣赏、吟着传承的。因为汉语不同于英语等西方的语言，汉语有声调，而且声调有升也有降，特别接近音乐的旋律，所以，自古以来，中国人都是见字就唱，农民张口就唱山歌，文人张口就吟诗。中国古代没有职业的作曲家，谁想唱歌谁就自己编曲。自己作词、自己作曲、自己伴奏、自己唱，立刻唱，都是即兴的。

这种编曲、作诗的方法，今天称之为“吟诵”，这是“语文”一词的创造者叶圣陶先生和中国现代音乐学先驱赵元任先生共同命名的。汉族，一直都是能歌善舞的。吟诵，是汉族语文和音乐学习的根本性方法。

吟诵艺术课程，不仅教你作诗、作曲、吟诵，还教你：怎样理解和鉴赏古诗文，提高语文成绩；怎样吐气发声歌唱吟咏，掌握一门中国传统的高雅艺术；怎样积累吟诵舞台表演的经验；怎样咬字发音，抑扬顿挫，锻炼演讲交流的口才。中华文化，原本就是交叉贯通的综合艺术。学习中华优秀传统文化，做一个有文化、有教养、有艺术才能的高雅的中国人，吟诵是简单、有趣、丰富、实用的途径之一。

为了支持大家的吟诵艺术学习，我们还特别申报组织了吟诵艺术的等级考试。这样，每隔一段时间，学生就可以对自己的学习有一个检验的机会。吟诵考级一共九级，每一级都有一个古雅美丽的名字，分别是：黄钟士、大吕士、太簇士、夹钟士、姑洗士、仲吕士、蕤宾士、林钟士、夷则士（此外还有南吕士、无射士、应钟士这三个荣誉级别）。

十二个等级即取自中国古代十二音律的名称。做一个高雅的小小文人艺术家，让我们就从吟诵开始吧！

徐健顺

2021年7月

第六单元

第一课

发声歌唱

1. 体态要自然——站姿

· 要领：双脚分开站立，全脚掌触地，保持身体稳定，可前后左右轻轻摇晃而不摔倒。双手放于身体两侧，自然下垂。双肩放松，微微含胸。目视前方，下巴微收。体态自然舒展，呼吸平稳顺畅。

· 技巧：若起初站不稳，可以用脚趾微微抓地。（见图 6–1）

图 6–1

2. 呼吸有方法

（1）胸式呼吸

· 说明：胸式呼吸是吟诵常用的呼吸方法之一，吸气较浅，气息较弱。多用于表现细腻、柔弱的声音。

· 要领：吸气时胸腔鼓胀，呼气时小腹回收。

· 技巧：两手叠放于小腹上，感受呼气时小腹向里收回。（见图 6–2）

· 练习：胸式呼吸一组两次，共两组。

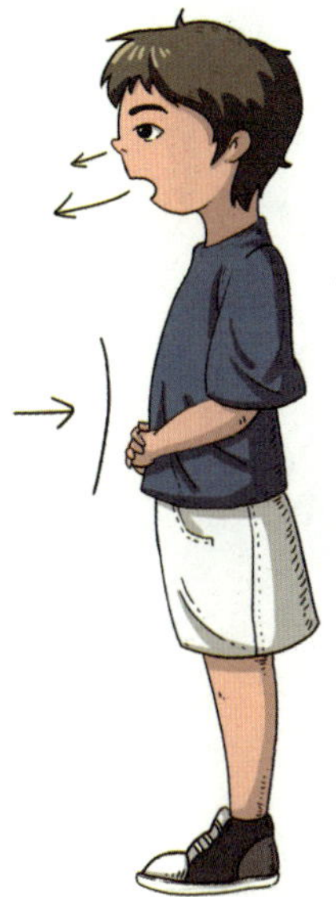

图 6–2

(2) 腹式呼吸

· 说明：腹式呼吸是吟诵最常用的呼吸方式。吸气最深最满，气息充沛。多用于表现广大、有力的声音。

· 要领：吸气时胸腔鼓胀，双肩微耸；呼气时双肩下沉，气息随之下沉，小腹鼓胀。小腹位于肚脐下方三寸，也就是丹田。

· 技巧：双手叠放于小腹上，感受呼气时小腹向外鼓胀，双肩放松下沉。（见图 6–3）

· 练习：腹式呼吸一组两次，共两组。

图 6–3

3. 发声有技巧——腹式发声技巧

叹气

· **说明**：身体放松才能够找到气沉丹田的感觉，而叹气是身体最放松的时刻。

· **要领**：真实的叹气，会有身体瞬间完全放松的感觉。感受到上身下沉，气息入腹。可以发出声音。

· **技巧**：双手叠放于丹田，感受叹气时小腹鼓胀，双肩放松下沉。（见图 6–4）

· **练习**：叹气 3–5 次，两次叹气间隔几秒。用叹气的方式寻找腹式呼吸的感觉。

图 6–4

附加练习：音高须准确。

音准训练：你能唱准音阶吗？

4. 吐字要清晰

韵　母	ü
字词练习	lǚ 缕　xū yú 须臾

5. 声音有含义

一起来做“音义操”。今天我们学习“ü”的音义动作。（见图6–5）

ü

细薄　轻柔

图 6–5

吟诵知识

吟诵符号的历史

在古代，儿童都要进蒙馆、学馆学习。为了让孩子们能尽快学会吟诵规矩，聪明的古人发明了一套简单明晰的读法符号。这些符号体现了每个字的读法。一个字读起来是长是短，是高是低，是顿挫还是拖长等，都有相应的读法符号。直到今天，我们依然继承了古代使用读法符号的智慧，发明出一套方便现代人学习的读法符号。这套符号，在我们今后的学习中，也会学到用到。

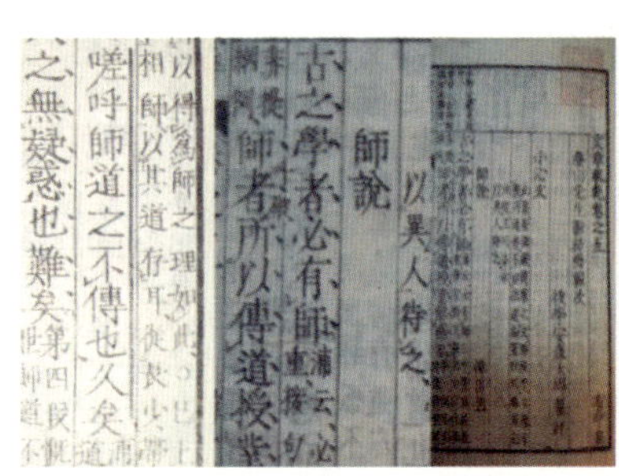

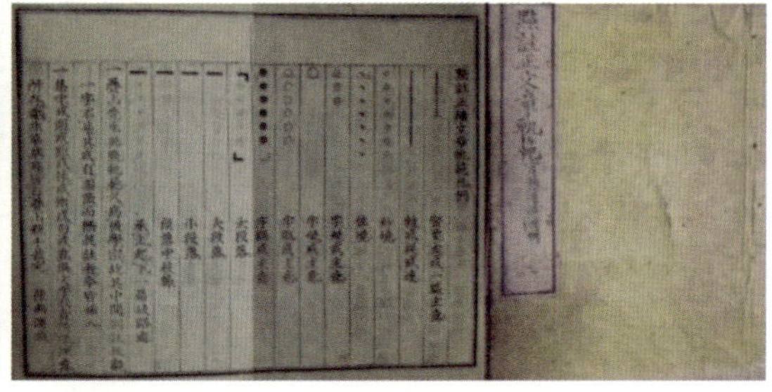

图 6-6

南宋 谢枋得《文章轨范》的符号表和文章中的批注圈点符号

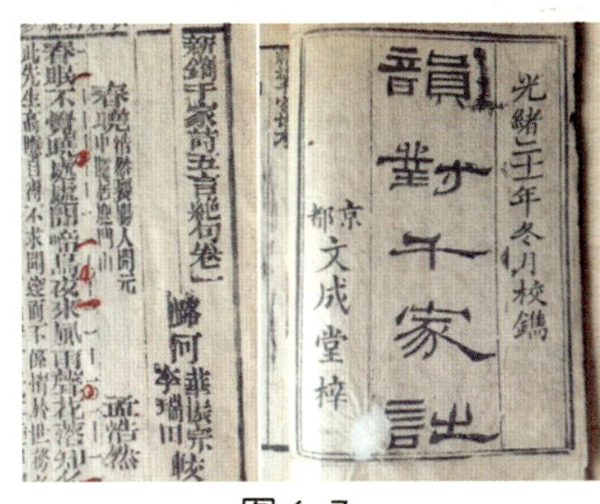

图 6-7

清《千家诗》的读法符号

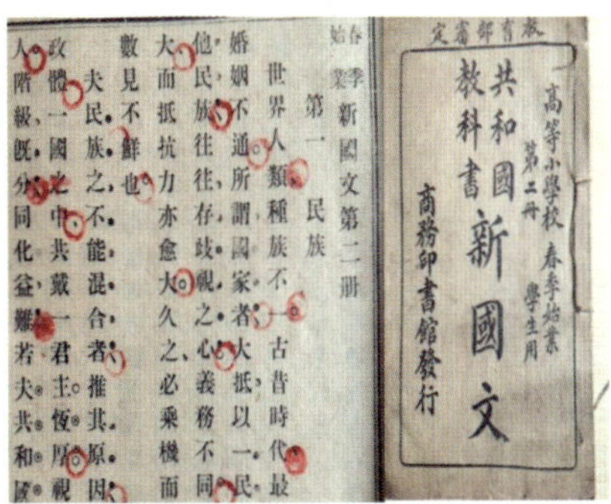

图 6-8

中华民国初期的教科书《新国文》

图 6-9

叶圣陶、夏丏尊先生发明的读法符号

第二课

我会吟诵

1. 画声调

普通话有四个声调，你会画声调吗？

一声平	二声扬	三声拐弯	四声降

大家伸出手，边读边模仿声调符号，画出四声。

2. 练读诵

看着文字谱，用手比出声调的长短高低。自己读诵下面这两首诗吧！读诵完再听一听音频里是怎么读诵的。

江陵乐

《乐府诗集》

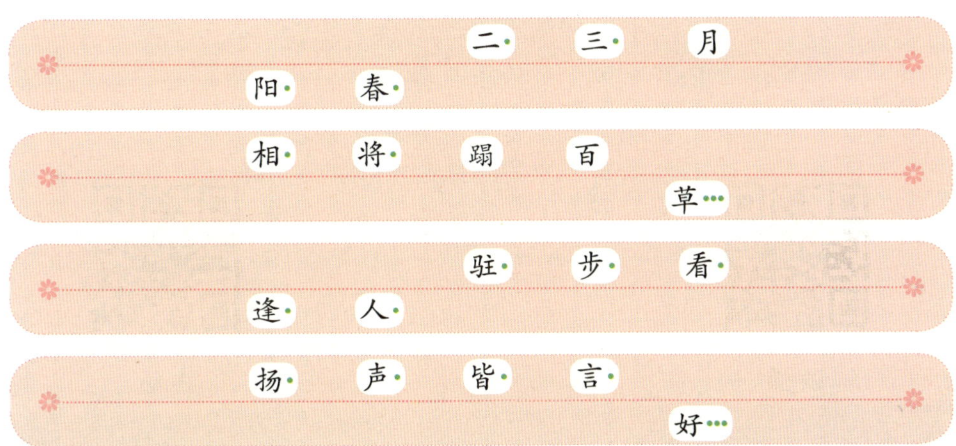

读诵

吟咏

大子夜歌（其一）

［唐］陆龟蒙

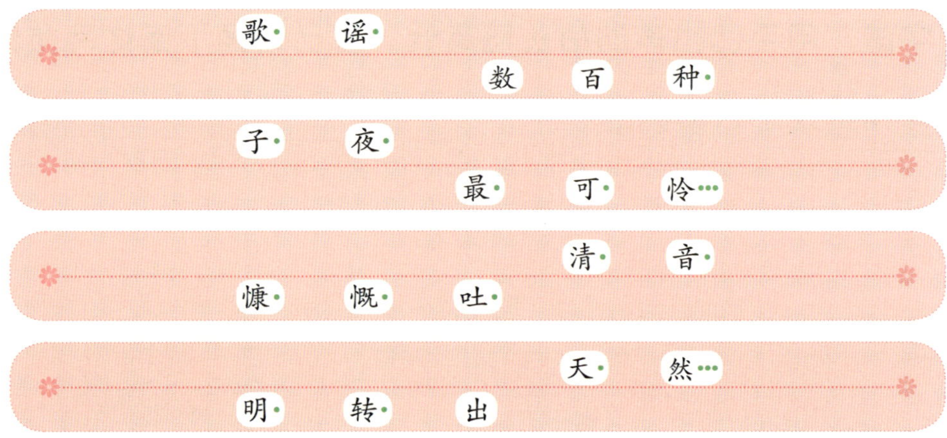

读诵

吟咏

3. 模仿吟咏

学会了读诵，再来试试吟咏吧！

看着文字谱，跟老师一起模仿吟咏《江陵乐》和《大子夜歌（其一）》。

我能听懂

高低音听赏训练 1：由老师读出下面的词语，你能听出老师哪次读得高，哪次读得低吗？

◎ 天浩浩 天浩浩

◎ 日融融 日融融

◎ 落花红 落花红

高低音听赏训练 2：由老师读出下面的句子，你能听出上半句和下半句哪句读得高，哪句读得低吗？

◎ 人之初 性本善

◎ 性相近 习相远

◎ 苟不教 性乃迁

◎ 教之道 贵以专

第三课

学吟天地

三字经（节选 11）

昔仲尼　师项橐　古圣贤　尚勤学

赵中令　读鲁论　彼既仕　学且勤

披蒲编　削竹简　彼无书　且知勉

头悬梁　锥刺股　彼不教　自勤苦

如囊萤　如映雪　家虽贫　学不辍

如负薪　如挂角　身虽劳　犹苦卓

《三字经》（节选 11）吟咏

第四课

吟诵舞台

同学们，请看课堂上老师的示范，特别要注意观察老师在吟诵时的神态和动作。你可以为大家展示一下本单元学的《江陵乐》吗？

\\ 展演小贴士 //

1. 姿态身形：感受诗中春意盎然、其乐融融、活泼自在的意境。吟诵“相将蹋百草”时，可以有节奏地踏跳；吟诵“扬声皆言好”时，可以做上扬手势，在吟诵“好”字时做称赞的舞姿。

2. 礼仪规范：上台时，先站立，行礼；结束时，行礼收式。

学而时习

《三字经》吟诵的节律均匀，旋律循环往复。你能接着往下吟诵一段吗？

三字经（节选 12）

苏老泉 二十七 始发愤 读书籍

彼既老 犹悔迟 尔小生 宜早思

若梁灏 八十二 对大廷 魁多士

彼既成 众称异 尔小生 宜立志

第七单元

第一课

发声歌唱

1. 体态要自然——站姿

放松站立，开始发声歌唱的练习吧！（见图 7–1）

图 7–1

2. 呼吸有方法

（1）胸式呼吸

· **练习：胸式呼吸一组两次，共两组。**（见图 7-2）

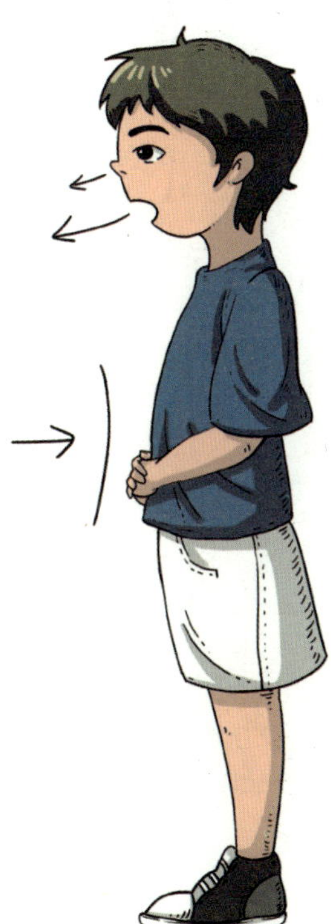

图 7-2

（2）腹式呼吸

· **练习：腹式呼吸一组两次，共两组。**（见图 7-3）

图 7-3

3. 发声有技巧——腹式发声技巧

叹气

·练习：叹气 3–5 次，两次叹气间隔几秒。用叹气的方式寻找腹式呼吸的感觉。

（见图 7–4）

图 7–4

附加练习：音高须准确。

音准训练：你能唱准音阶吗？

4. 吐字要清晰

韵　尾	n
字词练习	àn 按　yuán 源　quán 泉

5. 声音有含义

一起来做“音义操”。今天我们学习“n”的音义动作。（见图7-5）

n

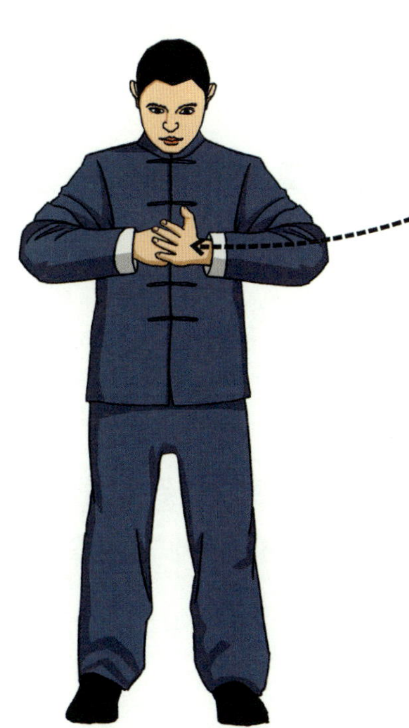

挤压 亲密

图 7-5

吟诵知识

读法有含义

吟诵的规矩是读书的方法，通过读法能体会到古诗文声音上的意义，理解出言外之意。读法不一样，含义就不一样，所以，读错就会听错，就会理解错。俗语说，“听话听音”，就是这个意思。

在吟诵的读法含义中，最重要的口诀是：长是延展，高是强调。

我们来感受一下吧！

过江千尺浪，入竹万竿斜。

读音长就是延展。这句诗中，“竿”字读长，能感觉到风把一大片一大片的竹子都吹得倾斜。“斜”字读长，能感觉到竹子被风吹得一直保持着倾斜的姿势，说明风劲太大了，风一直在刮，而不是刮了一阵就过去了。

人之初，性本善。

读音高就是强调。“人之初”读高，“性本善”读低，表达的是人性的善是天生的，不是后天才出现的。如果“人之初”读低，“性本善”读高，意思就完全不一样了，表达的是人性本原是善的，而不是恶的。

第二课

我会吟诵

1. 练读诵

看着文字谱，用手比出声调的长短高低。自己读诵下面这两首诗吧！读诵完再听听音频里是怎么读诵的。

天马歌（二）（节选）

［西汉］刘彻

读诵

吟咏

江　南

汉乐府

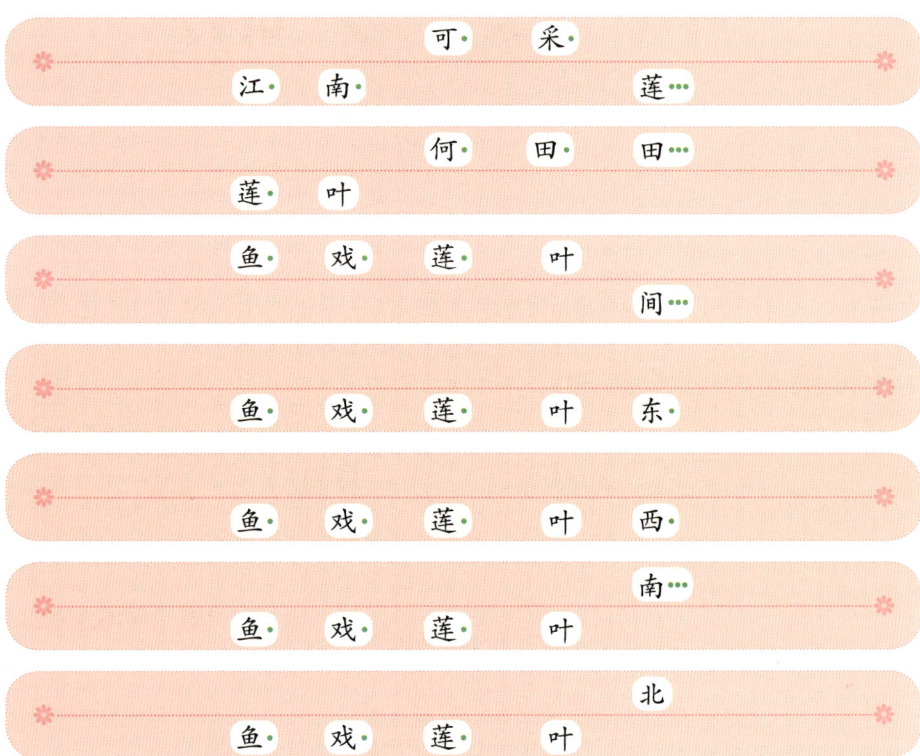

读诵

吟咏

2. 模仿吟咏

学会了读诵，再来试试吟咏吧！

看着文字谱，跟老师一起模仿吟咏《天马歌（二）（节选）》和《江南》。

我能听懂

高低音听赏训练 1：由老师读下面的句子，你能听出上半句和下半句哪句读得高，哪句读得低吗？

◎ 弟子规，圣人训。

◎ 首孝悌，次谨信。

◎ 父母呼，应勿缓。

◎ 父母命，行勿懒。

高低音听赏训练 2：你能听出一句中，哪个词读得高，哪个词读得低吗？

◎ 天地玄黄

◎ 宇宙洪荒

◎ 日月盈昃

◎ 辰宿列张

第三课

学吟天地

三字经（节选 13）

莹八岁 能咏诗 泌七岁 能赋棋

彼颖悟 人称奇 尔幼学 当效之

蔡文姬 能辨琴 谢道韫 能咏吟

彼女子 且聪敏 尔男子 当自警

唐刘晏 方七岁 举神童 作正字

彼虽幼 身已仕 尔幼学 勉而致

有为者 亦若是

《三字经》（节选 13）吟咏

第四课

吟诵舞台

同学们，请看课堂上老师的示范，特别要注意观察老师在吟诵时的神态和动作。你可以为大家展示一下本单元学的《江南》吗？

\\ 展演小贴士 //

1. 作品介绍：《江南》是一首乐府诗，具有很强的音乐性和表演性，适合全班展演。

2. 姿态动作：同学们可以分别扮演采莲人、鱼、莲等角色。如采莲人可以一边划船采莲，一边吟诵，吟诵“鱼戏莲叶东”“鱼戏莲叶南”“鱼戏莲叶西”“鱼戏莲叶北”时，用手指向东南西北四个方位，身体和眼神随着手指的方向移动。开展你的想象，发掘《江南》中更多的角色进行展演吧！

学而时习

《三字经》吟诵的节律均匀，旋律循环往复。你能接着往下吟诵一段吗？

三字经（节选 14）

犬守夜 鸡司晨 苟不学 曷为人

蚕吐丝 蜂酿蜜 人不学 不如物

幼而学 壮而行 上致君 下泽民

扬名声 显父母 光于前 裕于后

人遗子 金满籝 我教子 惟一经

勤有功 戏无益 戒之哉 宜勉力

第八单元

第一课

发声歌唱

1. 体态要自然——站姿

放松站立，开始发声歌唱的练习吧！（见图 8-1）

图 8-1

2. 呼吸有方法

（1）胸式呼吸

· **练习：胸式呼吸一组两次，共两组。**（见图 8-2）

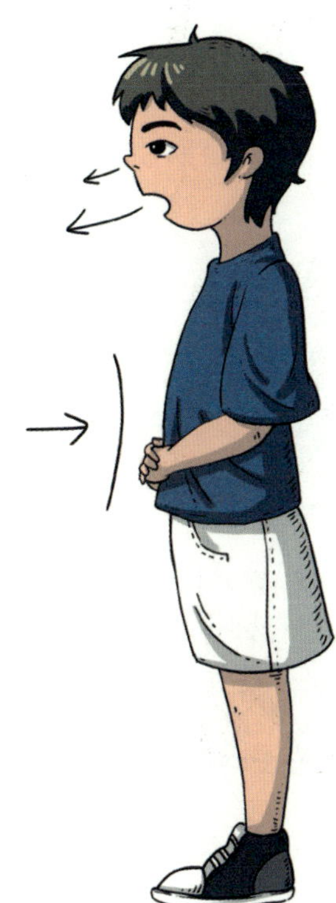

图 8-2

（2）腹式呼吸

· 练习：腹式呼吸一组两次，共两组。（见图 8-3）

图 8-3

3. 发声有技巧——腹式发声技巧

（1）叹气

· **练习：叹气 3–5 次，两次叹气间隔几秒。用叹气的方式寻找腹式呼吸的感觉。**

（见图 8–4）

图 8–4

（2）大声叹气

· 说明：用叹气的方式发出声音，体会腹式发声。

· 要领：真实的叹气。叹气时，随着气息的呼出，大声发出类似“唉”的声音。

· 技巧：双手叠放于丹田之上，感受叹气时小腹向外鼓胀，双肩放松下沉。

（见图8–5）

· 练习：大声叹气。一组两次，共两组。两次叹气间隔几秒。

图 8–5

附加练习：音高须准确。

音准训练：你能唱准音阶吗？

4. 吐字要清晰

韵　　尾	ng
字词练习	yíng　fáng dǐng 盈　房　顶

5. 声音有含义

一起来做“音义操”。今天我们学习“ng”的音义动作。（见图8-6）

图 8-6

吟诵知识

吟诵与语文的关系

新中国最早的语文课本中，吟诵就被设计成古诗文最基本的学习方法。吟诵原本贯穿语文课始终，从预习，到课堂领读，到诵读练习，到课后复习，都使用吟诵的学习方法，“吟诵”在语文课中起着至关重要的作用。如今，我们要让“吟诵”回归语文课，帮助同学们学习古诗文。

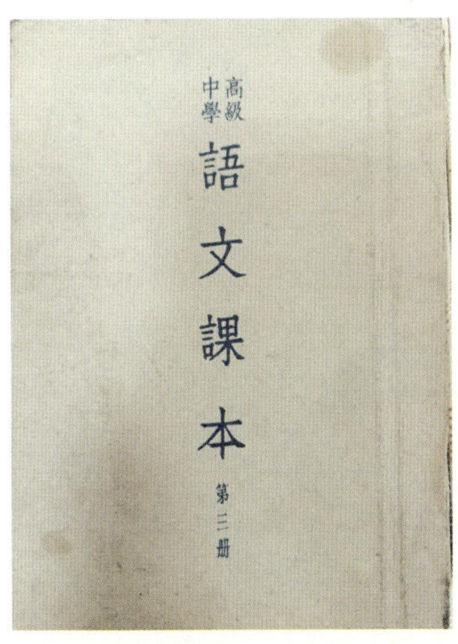

图 8-7

第二课

我会吟诵

1. 练读诵

看着文字谱，用手比出声调的长短高低。自己读诵下面这两首诗吧！读诵完再听听音频里是怎么读诵的。

咏　鹅

［唐］骆宾王

鹅 鹅 鹅

曲 项 向 天 歌

白 毛 浮 绿 水

红 掌 拨 清 波

读诵

吟咏

前出塞（节选）

［唐］杜　甫

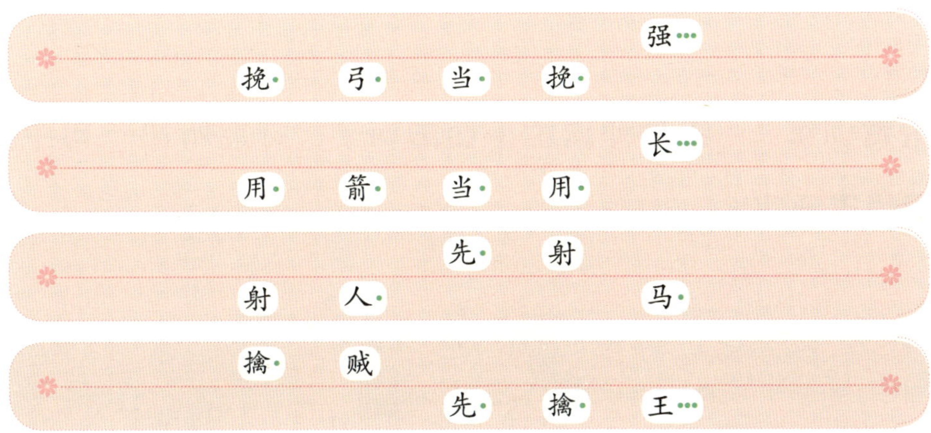

读诵

吟咏

2. 模仿吟咏

学会了读诵，再来试试吟咏吧！

看着文字谱，跟老师一起模仿吟咏《咏鹅》和《前出塞》。

我能听懂

高低音听赏训练 1：由老师读出下面的句子，你能听出一句中，哪个词读得高，哪个词读得低吗？

◎ 粗成四字

◎ 经书暇日

高低音听赏训练 2：由老师读出下面的句子，你能听出一句中，哪些字读得高，哪些字读得低吗？

◎ 床前明月光

◎ 疑是地上霜

学吟天地

《百家姓》是宋代的蒙学教材。它告诉我们信仰中华文化精神的就是中国人，中国人是一家人——天下百姓是一家。这本书以八个字为一组，每一组末尾的字都是押韵的，吟诵起来朗朗上口，很有韵律感。

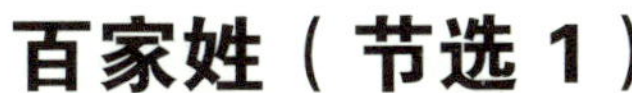

百家姓（节选1）

赵钱孙李　周吴郑王　冯陈褚卫　蒋沈韩杨
朱秦尤许　何吕施张　孔曹严华　金魏陶姜
戚谢邹喻　柏水窦章　云苏潘葛　奚范彭郎
鲁韦昌马　苗凤花方　俞任袁柳　郦鲍史唐
费廉岑薛　雷贺倪汤　滕殷罗毕　郝邬安常

《百家姓》（节选1）吟咏

节奏训练：在均匀的节奏里，百家姓还有很多种有趣的吟诵方式。

一字一拍：赵 钱 孙 李　周 吴 郑 王

三一分：赵钱孙 李　周吴郑 王

一三分：赵 钱孙李　周 吴郑王

二二分：赵钱 孙李　周吴 郑王

学而时习

请你创造一个属于自己的节奏，把《百家姓》（节选 1）吟咏一遍吧！

第四课

吟诵舞台

同学们，请看课堂上老师的示范，特别要注意观察老师在吟诵时的神态和动作。你可以为大家展示一下本单元学的《咏鹅》吗？

\\ 展演小贴士 //

1. 姿态身形：吟诵“鹅鹅鹅”时，可以击打手掌，一声比一声用力，胳膊也随之抬高；吟诵“曲项向天歌”时，双手叠交做鹅嘴状，举过头顶，模拟鹅上扬头颈、高歌的动态。

2. 礼仪规范：上台时，先站立，行礼；结束时，行礼收式。

第九单元

第一课

发声歌唱

1. 体态要自然——站姿

放松站立，开始发声歌唱的练习吧！（见图 9–1）

图 9–1

2. 呼吸有方法

（1）胸式呼吸

· **练习：胸式呼吸一组两次，共两组。**（见图 9-2）

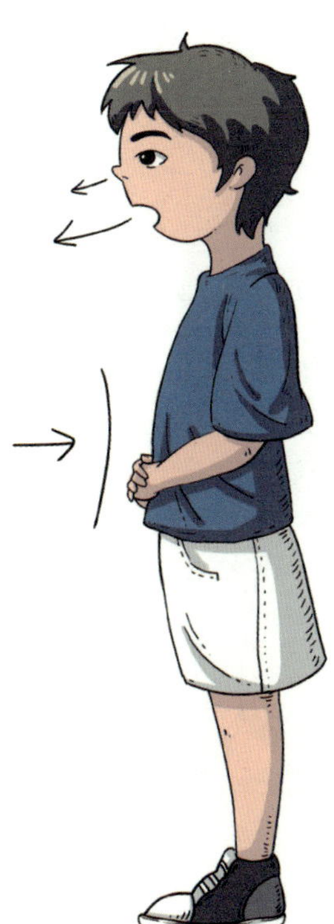

图 9-2

（2）腹式呼吸

·练习：腹式呼吸一组两次，共两组。（见图 9-3）

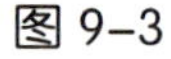

图 9-3

3. 发声有技巧——腹式发声技巧

（1）叹气

·练习：叹气 3–5 次，两次叹气间隔几秒。用叹气的方式寻找腹式呼吸的感觉。

（见图 9–4）

图 9–4

（2）大声叹气

· **练习：大声叹气。一组两次，共两组。两次叹气间隔几秒。**（见图 9–5）

图 9–5

附加练习：音高须准确。

音准训练：你能唱准音阶吗？

4. 吐字要清晰

韵　　母	an
字词练习	shān　tān lán 山　贪 婪

5. 声音有含义

一起来做“音义操”。今天我们学习“an”的音义动作。（见图9-6）

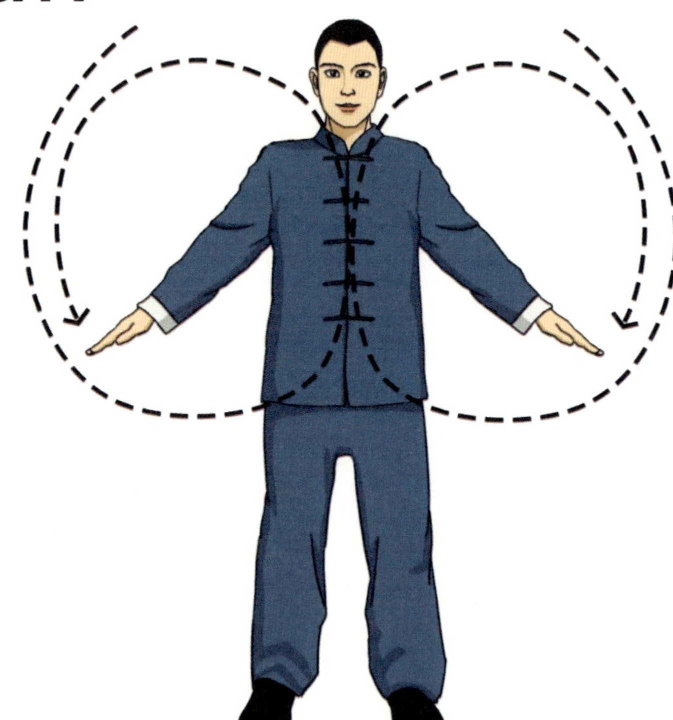

打开　低收

图 9-6

吟诵知识

普通话吟诵

中国历史几千年，虽然一直说汉语，但汉语也在不断变化。历史上的每个时期，都规定了那个时期的雅言，也就是当时的标准汉语，这样全国各地的人才能自由交流。文人吟诵时，就用那个时代的雅言。今天的雅言，就是普通话。所以，我们提倡用普通话吟诵。

一起来听听普通话吟诵吧！

垓下歌

［秦］项羽

力拔山兮气盖世，

时不利兮骓不逝。

骓不逝兮可奈何，

虞兮虞兮奈若何！

吟咏

第二课

我会吟诵

1. 练读诵

看着文字谱，用手比出声调的长短高低。自己读诵下面这两首诗吧！读诵完再听听音频里是怎么读诵的。

长干行（其一）

［唐］崔　颢

君·家·何·处·住·

妾住·在·横·塘···

停·船·暂·借·问·

或恐·是·同·乡···

读诵

吟咏

悯农（其二）

［唐］李 绅

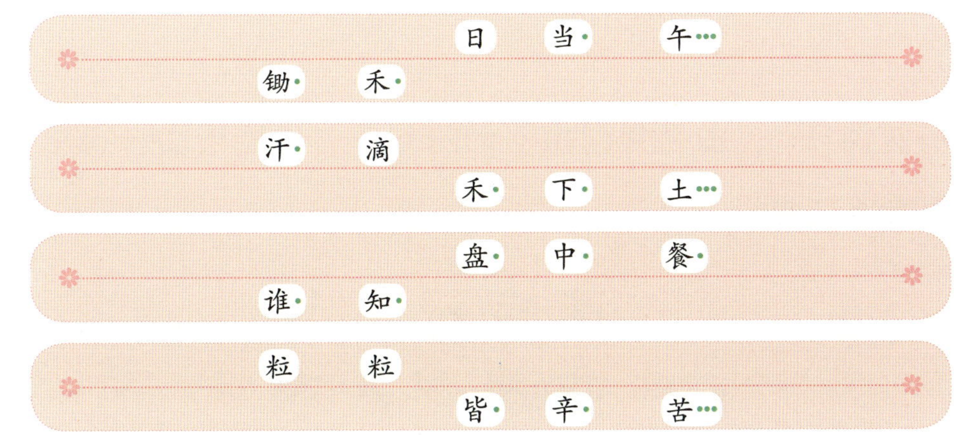

读诵

吟咏

2. 模仿吟咏

学会了读诵，再来试试吟咏吧！

看着文字谱，跟老师一起模仿吟咏《长干行（其一）》和《悯农（其二）》。

我能听懂

高低音听赏训练 1：由老师读出下面的句子，你能听出一句中，哪些字读得高，哪些字读得低吗？

◎　离家已二年
◎　空翠湿人衣
◎　驱车登古原
◎　人约黄昏后

高低音听赏训练 2：由老师读出下面的句子，你能听出老师哪个字读得长，哪个字读的短吗？

◎　光　光
◎　山　山
◎　红　红
◎　叶　叶

第三课

学吟天地

百家姓（节选 2）

乐于时傅 皮卞齐康

伍余元卜 顾孟平黄

和穆萧尹 姚邵湛汪

祁毛禹狄 米贝明臧

计伏成戴 谈宋茅庞

熊纪舒屈 项祝董梁

杜阮蓝闵 席季麻强

《百家姓》（节选 2）吟咏

学而时习

请你创造一个属于自己的节奏，把《百家姓》（节选 2）吟咏一遍吧！

第四课

吟诵舞台

同学们，请看课堂上老师的示范，特别要注意观察老师在吟诵时的神态和动作。你可以为大家展示一下本单元学的《长干行（其一）》吗？

\\ 展演小贴士 //

1. 姿态身形：诗的主人公是一位可爱的女孩，划着船从水塘中经过。吟诵“君家何处住”时，可以向岸边的少年挥臂招手问好。吟诵“妾住在横塘”时，可以收回手指向自己，表示自我介绍。想一想吟诵“停船暂借问，或恐是同乡”时该做什么动作？

2. 礼仪规范：上台时，先站立，行礼；结束时，行礼收式。

第十单元

第一课

发声歌唱

1. 体态要自然——站姿

放松站立，开始发声歌唱的练习吧！（见图 10–1）

图 10–1

2. 呼吸有方法

（1）胸式呼吸

· **练习：胸式呼吸一组两次，共两组。**（见图 10–2）

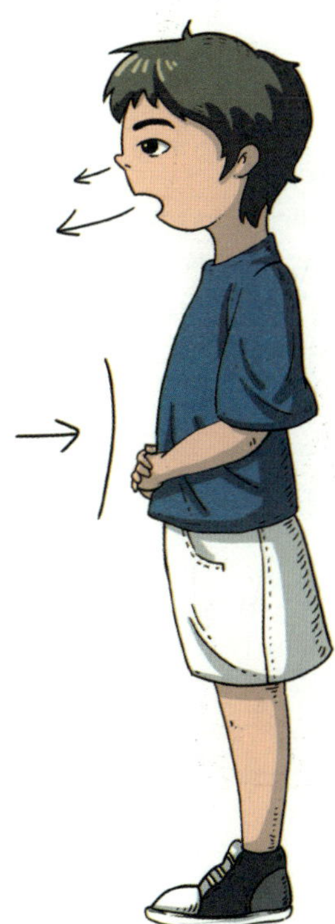

图 10–2

（2）腹式呼吸

· **练习：腹式呼吸一组两次，共两组。**（见图 10-3）

图 10-3

3. 发声有技巧——腹式发声技巧

（1）叹气

·练习：叹气 3–5 次，两次叹气间隔几秒。用叹气的方式寻找腹式呼吸的感觉。

（见图 10–4）

图 10–4

（2）大声叹气

· 练习：大声叹气。一组两次，共两组。两次叹气间隔几秒。（见图 10-5）

图 10-5

附加练习：音高须准确。

音准训练：你能唱准音阶吗？

4. 吐字要清晰

韵　　母	en
字词练习	pén 盆　gēn běn 根本

5. 声音有含义

一起来做“音义操”。今天我们学习“en”的音义动作。（见图 10-6）

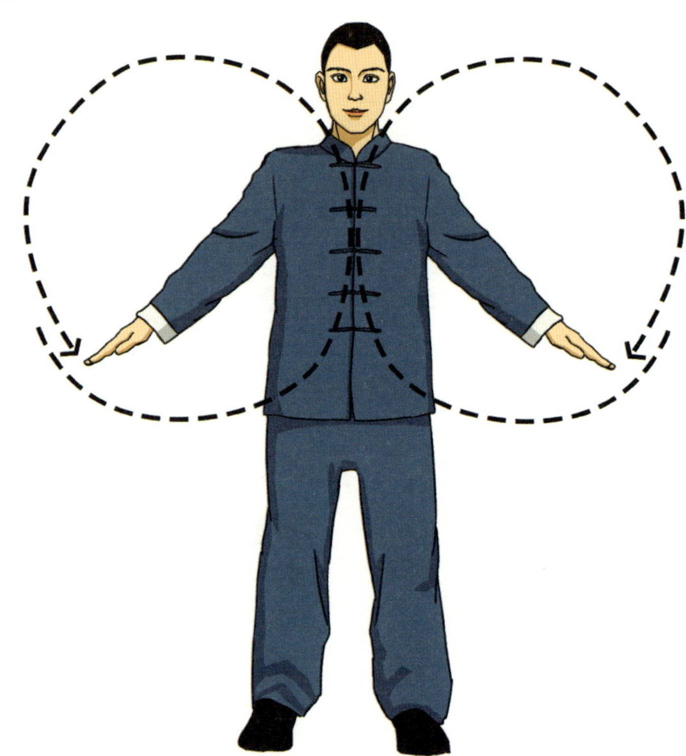

延展　低收

图 10-6

吟诵知识

丰富多彩的吟诵

吟诵有很多种形式：可分为没有音乐旋律的“读诵”和有音乐旋律的“吟咏”；又可以按照吟诵的精确程度分为基础吟诵和度曲吟诵。

金缕衣

佚名

劝君莫惜金缕衣，
劝君惜取少年时。
花开堪折直须折，
莫待无花空折枝。

读诵

基础吟咏

度曲吟咏

另外，古代诗、乐、舞联系紧密，古诗文还可以通过舞蹈来表现。

图 10-7
《木兰辞》吟诵剧

吟诵剧

图 10-8
《木兰辞》吟诵剧

我会吟诵

1. 练读诵

看着文字谱，用手比出声调的长短高低。自己读诵下面这两首诗吧！读诵完再听听音频里是怎么读诵的。

所　见

[清] 袁　枚

牧童骑黄牛，
歌声振林樾。
意欲捕鸣蝉，
忽然闭口立。

读诵

吟咏

明日歌

［明］钱鹤滩

读诵

吟咏

2. 模仿吟咏

学会了读诵，再来试试吟咏吧！

看着文字谱，跟老师一起模仿吟咏《所见》和《明日歌》。

我能听懂

长短音听赏训练1：你能听出老师读诵的字中，哪个字读得长，哪个字读的短吗？

◎　花　花

◎　树　树

长短音听赏训练2：你能听出老师读诵的诗句中，哪些字读得长，哪些字读得短吗？

◎　黄河入海流

◎　更上一层楼

◎　月黑见渔灯

◎　孤光一点萤

第三课

学吟天地

百家姓（节选 3）

贾路娄危 江童颜郭

梅盛林刁 钟徐邱骆

高夏蔡田 樊胡凌霍

虞万支柯 昝管卢莫

经房裘缪 干解应宗

丁宣贲邓 郁单杭洪

包诸左石 崔吉钮龚

程嵇邢滑 裴陆荣翁

《百家姓》（节选 3）吟咏

学而时习

请你创造一个属于自己的节奏，把《百家姓》（节选 3）吟咏一遍吧！

第四课

吟诵舞台

同学们，请看课堂上老师的示范，特别要注意观察老师在吟诵时的神态和动作。你可以为大家展示一下本单元学的《所见》吗？

\\ 展演小贴士 //

1. 姿态身形：吟诵“牧童骑黄牛”时，点头做欢快状吟诵，一手握空拳似在牛背上摇晃；吟诵“意欲捕鸣蝉”时，一手单指从下向上，似看到“鸣蝉”状；吟诵“忽然闭口立”时，一手做止语状，小心翼翼的样子。

2. 礼仪规范：上台时，先站立，行礼；结束时，行礼收式。

最美吟诵锦集

扫描查看更多内容

吟诵艺术教程

黄钟士 一级
（全三册）下册

徐健顺 主编

图书在版编目（CIP）数据

吟诵艺术教程黄钟士一级 ： 全三册 / 徐健顺主编
. -- 北京 ： 朝华出版社，2021.8
ISBN 978-7-5054-4828-5

Ⅰ. ①吟… Ⅱ. ①徐… Ⅲ. ①朗诵学 Ⅳ. ①H019

中国版本图书馆CIP数据核字(2021)第149949号

吟诵艺术教程黄钟士一级（全三册）

作　　者　徐健顺

责任编辑　王　丹
责任印制　陆竞赢
封面设计　奉新梅

出版发行　朝华出版社
社　　址　北京市西城区百万庄大街24号　　**邮政编码**　100037
订购电话　（010）68996050　68996522
传　　真　（010）88415258（发行部）
联系版权　zhbq@cipg.org.cn
网　　址　http://zhcb.cipg.org.cn
印　　刷　天津联城印刷有限公司
经　　销　全国新华书店
开　　本　889mm×1194mm　1/16　　**字　　数**　90千字
印　　张　18
版　　次　2021年8月第1版　2021年8月第1次印刷
装　　别　平
书　　号　ISBN 978-7-5054-4828-5
定　　价　150.00 元（全三册）

《吟诵艺术教程黄钟士一级》编委会

（排名不分先后）

主　编　徐健顺

副主编　赖国辉　杨　言　王　伊

编　委　穆　兰　张　倩　张芳宁

吟　诵　徐健顺　杨　言　张津榕　金枫雅　尹香凝　郑　峥
刘晗稞　张明轩　陈婧鑫　郝东瑾　孙悦溪　黄心怡
李梓桐　汪易刚　孔嘉沂　廖鹏越　韩孟子暄
成都泡桐树小学　西区分校吟诵团　北京小院吟诵团

伴　奏　王　伊　杨　言　杨　芬

前言

有一种艺术在耳边隐约回响，有一种艺术在中国绵延千年，有一种艺术徘徊于李白、杜甫的口齿之间，流转于宝钗、黛玉的眉目之前——吟诗。

中国古代的诗都是吟着创作出来的，也是吟着学习、吟着欣赏、吟着传承的。因为汉语不同于英语等西方的语言，汉语有声调，而且声调有升也有降，特别接近音乐的旋律，所以，自古以来，中国人都是见字就唱，农民张口就唱山歌，文人张口就吟诗。中国古代没有职业的作曲家，谁想唱歌谁就自己编曲。自己作词、自己作曲、自己伴奏、自己唱，立刻唱，都是即兴的。

这种编曲、作诗的方法，今天称之为“吟诵”，这是“语文”一词的创造者叶圣陶先生和中国现代音乐学先驱赵元任先生共同命名的。汉族，一直都是能歌善舞的。吟诵，是汉族语文和音乐学习的根本性方法。

吟诵艺术课程，不仅教你作诗、作曲、吟诵，还教你：怎样理解和鉴赏古诗文，提高语文成绩；怎样吐气发声歌唱吟咏，掌握一门中国传统的高雅艺术；怎样积累吟诵舞台表演的经验；怎样咬字发音，抑扬顿挫，锻炼演讲交流的口才。中华文化，原本就是交叉贯通的综合艺术。学习中华优秀传统文化，做一个有文化、有教养、有艺术才能的高雅的中国人，吟诵是简单、有趣、丰富、实用的途径之一。

为了支持大家的吟诵艺术学习，我们还特别申报组织了吟诵艺术的等级考试。这样，每隔一段时间，学生就可以对自己的学习有一个检验的机会。吟诵考级一共九级，每一级都有一个古雅美丽的名字，分别是：黄钟士、大吕士、太簇士、夹钟士、姑洗士、仲吕士、蕤宾士、林钟士、夷则士（此外还有南吕士、无射士、应钟士这三个荣誉级别）。

十二个等级即取自中国古代十二音律的名称。做一个高雅的小小文人艺术家，让我们就从吟诵开始吧！

徐健顺

2021年7月

第十一单元

第一课

发声歌唱

1. 体态要自然——站姿

·要领：双脚分开站立，全脚掌触地，保持身体稳定，可前后左右轻轻摇晃而不摔倒。双手放于身体两侧，自然下垂。双肩放松，微微含胸。目视前方，下巴微收。体态自然舒展，呼吸平稳顺畅。

·技巧：若起初站不稳，可以用脚趾微微抓地。（见图 11-1）

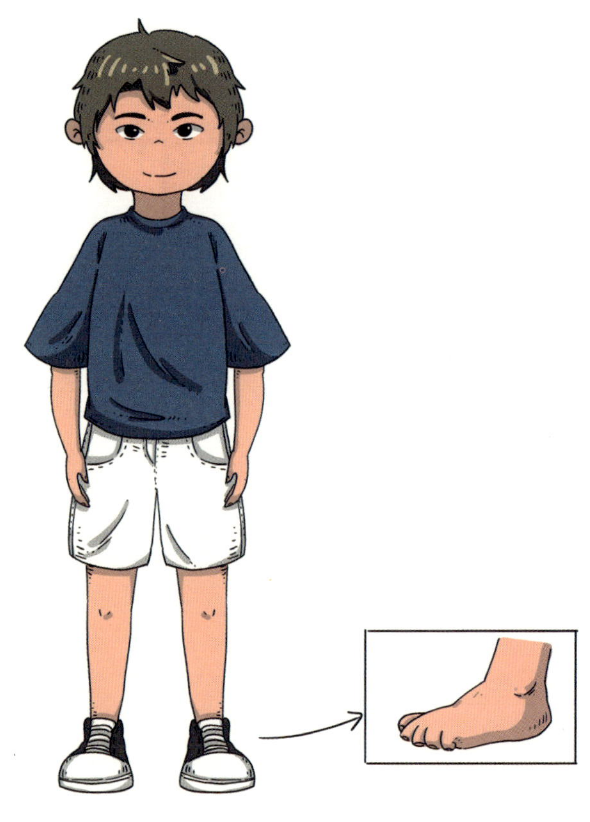

图 11-1

2. 呼吸有方法

（1）胸式呼吸

· 说明：胸式呼吸是吟诵常用的呼吸方法之一，吸气较浅，气息较弱。多用于表现细腻、柔弱的声音。

· 要领：吸气时胸腔鼓胀，呼气时小腹回收。

· 技巧：两手叠放于小腹上，感受呼气时小腹向里收回。（见图 11-2）

· 练习：胸式呼吸一组两次，共两组。

图 11-2

(2) 腹式呼吸

· 说明：腹式呼吸是吟诵最常用的呼吸方式。吸气最深最满，气息充沛。多用于表现广大、有力的声音。

· 要领：吸气时胸腔鼓胀，双肩微耸；呼气时双肩下沉，气息随之下沉，小腹鼓胀。小腹位于肚脐下方三寸，也就是丹田。

· 技巧：双手叠放于小腹上，感受呼气时小腹向外鼓胀，双肩放松下沉。

· 练习：腹式呼吸一组两次，共两组。（见图 11-3）

图 11-3

3. 发声有技巧——腹式发声技巧

叹气

· 说明：身体放松才能够找到气沉丹田的感觉，而叹气是身体最放松的时刻。

· 要领：真实的叹气，会有身体瞬间完全放松的感觉。感受到上身下沉，气息入腹。可以发出声音。

· 技巧：双手叠放于丹田，感受叹气时小腹鼓胀，双肩放松下沉。（见图 11-4）

· 练习：叹气 3-5 次，两次叹气间隔几秒。用叹气的方式寻找腹式呼吸的感觉。

图 11-4

（2）大声叹气

· 说明：用叹气的方式发出声音，体会腹式发声。

· 要领：真实的叹气。叹气时，随着气息的呼出，大声发出类似“唉”的声音。

· 技巧：双手叠放于丹田之上，感受叹气时小腹向外鼓胀，双肩放松下沉。

（见图 11–5）

· 练习：大声叹气。一组两次，共两组。两次叹气间隔几秒。

图 11–5

4. 长音练习

· 说明：用叹气的方式唱长音，掌握腹式发声的方式。

· 要领：用叹气的方式发声。叹气时把声音拖长，变成一个下降的长音。

· 技巧：双手叠放于小腹之上，感受呼气时小腹向外鼓胀，双肩放松下沉。

（见图 11–6）

· 练习：用叹气的方式发出下降的长音“唉↘”。一组两次，共两组。

图 11–6

附加练习：音高须准确。

音准训练：你能唱准音阶吗？

5. 吐字要清晰

韵　　母	in
字词练习	qín 琴　yīn 音 xìn 信

6. 声音有含义

一起来做“音义操”。今天我们学习“in”的音义动作。（见图 11-7）

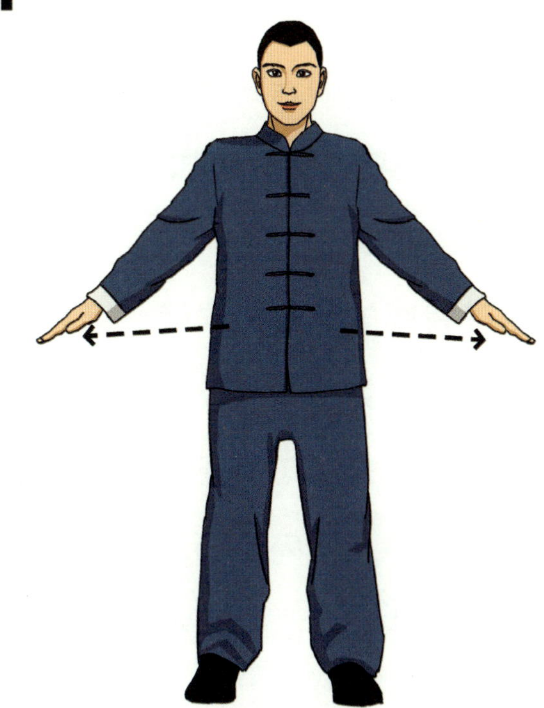

图 11-7

吟诵知识

吟诵的教育意义（一）

古代的诗词文赋都是可以即兴歌唱的，这就是“吟诗”，古诗文就是这样被“吟”着创作出来，“吟”着流传出去，“吟”着被一代一代人学习着，所以叫作“脍炙人口”。

今天，我们把这种传统的古诗文读法，统称为“吟诵”。古诗文只有在吟诵中，才能展现它原有的美感，人们才能体会它本来的韵味，理解它完整的含义。当听到吟诵声，你才会知道原来我们的古诗文是如此之美，也才会明白它为什么令历朝历代的人喜爱、感动。吟诵，让我们可以即兴地唱每一篇古诗文。而且吟诵的旋律里包含着对古诗文的理解，因此，每一篇古诗文通过吟诵都能被长久地记住。

我会吟诵

第二课

1. 练读诵

看着文字谱，用手比出声调的长短高低。自己读诵下面这两首诗吧！读诵完再听听音频里是怎么读诵的。

寻隐者不遇

［唐］贾 岛

松下问童子，
采药去。
言师只在此山中，
云深不知处。

读诵

吟咏

辛夷坞

[唐] 王 维

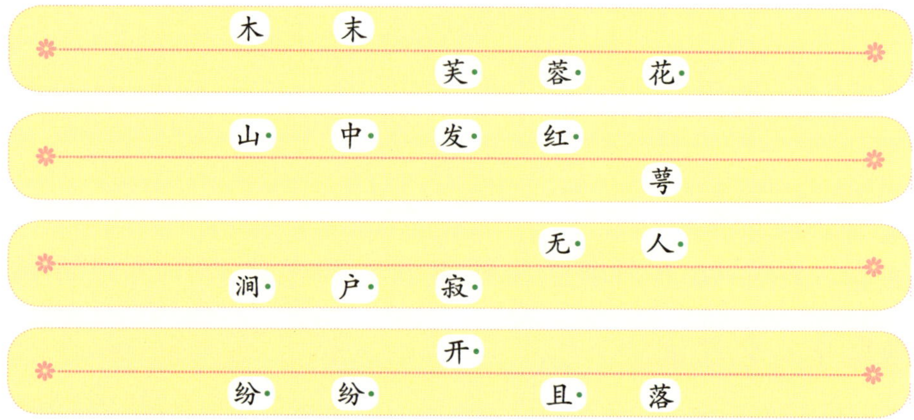

读诵

吟咏

2. 模仿吟咏

学会了读诵，再来试试吟咏吧！

看着文字谱，跟老师一起模仿吟咏《寻隐者不遇》和《辛夷坞》。

我能听懂

综合听赏训练：你能听出老师读诵的诗句中，每个字的长短和高低吗？

◎ 孤云独去闲

◎ 只有敬亭山

第三课

学吟天地

百家姓（节选4）

荀羊於惠　甄曲家封
芮羿储靳　汲邴糜松
井段富巫　乌焦巴弓
牧隗山谷　车侯宓蓬
全郗班仰　秋仲伊宫
宁仇栾暴　甘钭厉戎
祖武符刘　景詹束龙
索咸籍赖　卓蔺屠蒙

《百家姓》（节选4）吟咏

姿态训练：伴随着吟诵，可以让身体有节奏地左右摇晃。

学而时习

请你创造一个属于自己的节奏，把《百家姓》（节选4）吟咏一遍吧！

第四课

吟诵舞台

同学们，请看课堂上老师的示范，特别要注意观察老师在吟诵时的神态和动作。你可以为大家展示一下本单元学的《寻隐者不遇》吗？

\\ 展演小贴士 //

1. 姿态身形：吟诵“松下问童子”时，可以拱手低头，做谦虚询问状；吟诵“言师采药去”时，手臂做一个上扬的动作，表示上山去了。

2. 礼仪规范：上台时，先站立，行礼；结束时，行礼收式。

第十二单元

第一课

发声歌唱

1. 体态要自然——站姿

放松站立，开始发声歌唱的练习吧！（见图 12-1）

图 12-1

2. 呼吸有方法

（1）胸式呼吸

· **练习：胸式呼吸一组两次，共两组。**（见图 12-2）

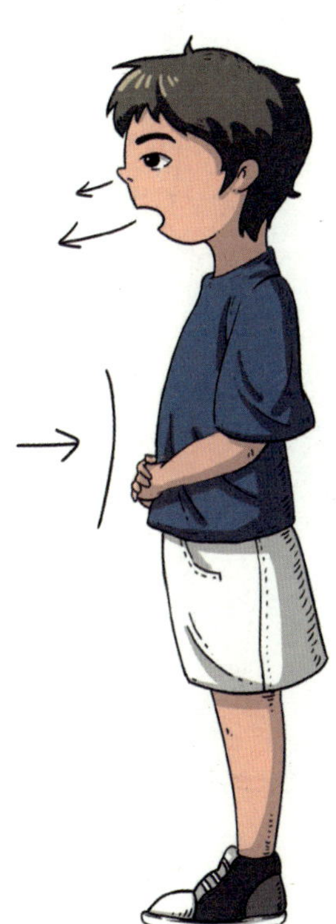

图 12-2

（2）腹式呼吸

·练习：腹式呼吸一组两次，共两组。（见图 12-3）

图 12-3

3. 发声有技巧——腹式发声技巧

（1）叹气

·练习：叹气 3–5 次，两次叹气间隔几秒。用叹气的方式寻找腹式呼吸的感觉。

（见图 12–4）

图 12–4

（2）大声叹气

· 练习：大声叹气。一组两次，共两组。两次叹气间隔几秒。（见图 12-5）

图 12-5

4. 长音练习

· 说明：用叹气的方式唱长音，掌握腹式发声的方式。

· 要领：用叹气的方式发声。叹气时把声音拖长，变成一个下降的长音。

· 技巧：双手叠放于小腹之上，感受呼气时小腹向外鼓胀，双肩放松下沉。

（见图 12-6）

· 练习：用叹气的方式发出下降的长音“唉↘”。一组两次，共两组。

图 12-6

附加练习：音高须准确。

音准训练：你能唱准音阶吗？

5. 吐字要清晰

韵　　母	un
字词练习	yún 云　jūn yún 均匀

6. 声音有含义

一起来做“音义操”。今天我们学习“un”的音义动作。（见图 12-7）

un

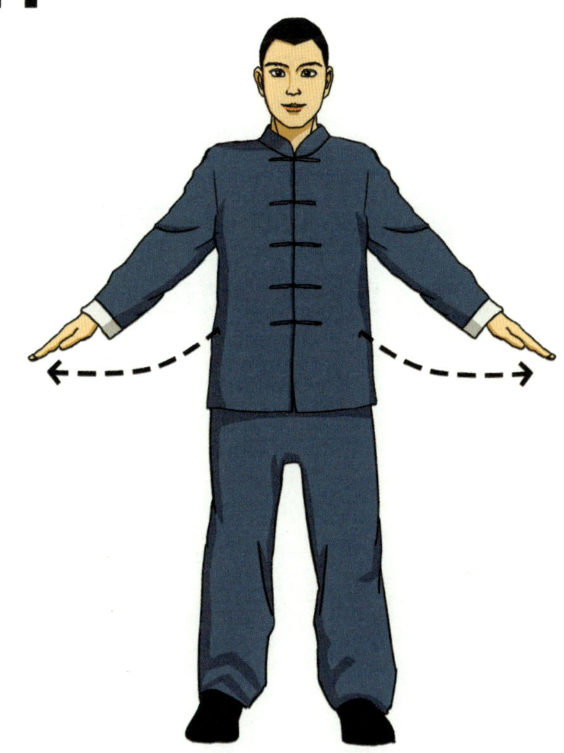

舒缓　低收

图 12-7

吟诵知识

吟诵的教育意义（二）

吟诵是诗乐传统的基石。在古代，诗人即音乐家，人人都会用自己的音乐抒发自己的感情。学习吟诵，可以恢复中国的诗乐吟唱的优秀传统，人人可以作诗，人人可以作曲，人人可以唱自己的歌。

吟诵就像一个百宝袋，里面的宝贝还有很多很多，有极高的价值。同学们有兴趣可以翻阅附录四：《吟诵的教育价值》。

我会吟诵

1. 练读诵

看着文字谱，用手比出声调的长短高低。自己读诵下面这两首诗吧！读诵完再听听音频里是怎么读诵的。

登山诗

[明] 唐 寅

读诵

吟咏

2. 模仿吟咏

学会了读诵，再来试试吟咏吧！

看着文字谱，跟老师一起模仿吟咏《登山诗》。

我能听懂

综合听赏训练：你能听出老师读诵的诗句中，每个字的长短和高低吗？

◎ 夜静春山空

◎ 时鸣春涧中

第三课

学吟天地

百家姓（节选 5）

叶幸司韶　郜黎蓟薄

印宿白怀　蒲邰从鄂

池乔阴郁　胥能苍双

闻莘党翟　谭贡劳逄

姬申扶堵　冉宰郦雍

郤璩桑桂　濮牛寿通

边扈燕冀　郏浦尚农

温别庄晏　柴瞿阎充

《百家姓》（节选 5）吟咏

姿态训练：伴随着吟诵，可以让身体有节奏地左右摇晃。

学而时习

请你创造一个属于自己的节奏，把《百家姓》（节选 5）吟咏一遍吧！

吟诵舞台

第四课

同学们，请看课堂上老师的示范，特别要注意观察老师在吟诵时的神态和动作。你可以为大家展示一下本单元学的《百家姓》（节选 5）吗？

\\ 展演小贴士 //

1. 姿态动作：有节律地吟诵，两种节奏交替进行，边拍手边吟诵。

2. 礼仪规范：上台时，先站立，行礼；结束时，行礼收式。

第十三单元

第一课

发声歌唱

1. 体态要自然——站姿

放松站立，开始发声歌唱的练习吧！（见图 13-1）

图 13-1

2. 呼吸有方法

（1）胸式呼吸

· **练习：胸式呼吸一组两次，共两组。**（见图 13-2）

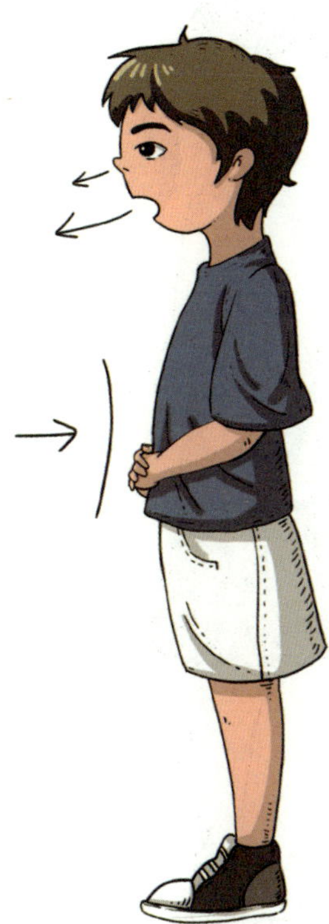

图 13-2

（2）腹式呼吸

· 技巧：双手叠放于小腹上，感受呼气时小腹向外鼓胀，双肩放松下沉。

· 练习：胸式呼吸一组两次，共两组。（见图 13–3）

图 13–3

3. 发声有技巧——腹式发声技巧

（1）叹气

·练习：叹气3–5次，两次叹气间隔几秒。用叹气的方式寻找腹式呼吸的感觉。

（见图13–4）

图13–4

（2）大声叹气

· 练习：大声叹气。一组两次，共两组。两次叹气间隔几秒。（见图 13-5）

图 13-5

4. 长音练习

· 练习：用叹气的方式发出下降的长音“唉↘”。一组两次，共两组。

（见图 13-6）

图 13-6

附加练习：音高须准确。

音准训练：你能唱准音阶吗？

5. 吐字要清晰

韵　　母	ang
字词练习	háng ángyáng 航　昂　扬

6. 声音有含义

一起来做“音义操”。今天我们学习“ang”的音义动作。（见图 13-7）

ang

开阔　上扬

图 13-7

吟诵知识

吟诵舞

吟诵舞是中国文人传统的舞蹈，配合汉诗文的内容和吟诵的声音，身体自然舞动，舞者自得其乐。吟诵舞的形式既可以是文人边吟诵边起舞；也可以文人相邀，一人吟诵，一人起舞，诗舞相和，文舞相属。如李白“我歌月徘徊，我舞影零乱”，就是文人边吟诵边起舞的境界。

第二课

我会吟诵

1. 练读诵

看着文字谱，用手比出声调的长短高低。自己读诵下面这两首诗吧！读诵完再听听音频里是怎么读诵的。

咏　雪

[清] 郑　燮

读诵

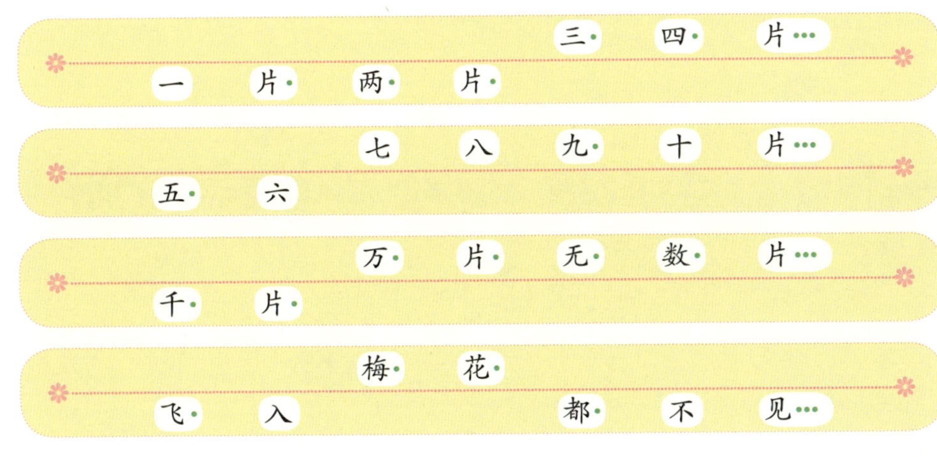

吟咏

2. 模仿吟咏

学会了读诵，再来试试吟咏吧！

看着文字谱，跟老师一起模仿吟咏《咏雪》。

我能听懂

综合听赏训练：你能听出读诵的诗句中，每个字的长短高低吗？

宿建德江

[唐] 孟浩然

移舟泊烟渚，
日暮客愁新。
野旷天低树，
江清月近人。

读诵

第三课

学吟天地

百家姓（节选6）

慕连茹习 宦艾鱼容

向古易慎 戈廖庾终

暨居衡步 都耿满弘

匡国文寇 广禄阙东

欧殳沃利 蔚越夔隆

师巩厍聂 晁勾敖融

《百家姓》（节选6）吟咏

姿态训练：伴随着吟诵，可以让身体有节奏地左右摇晃。

学而时习

请你创造一个属于自己的节奏，把《百家姓》（节选 6）吟咏一遍吧！

第四课

吟诵舞台

同学们，请看课堂上老师的示范，特别要注意观察老师在吟诵时的神态和动作。你可以为大家展示一下本单元学的《百家姓》（节选6）吗？

\\ 展演小贴士 //

1. 姿态动作：一字一拍，击掌游戏。
2. 礼仪规范：上台时，先站立，行礼；结束时，行礼收式。

第十四单元

第一课

发声歌唱

1. 体态要自然——站姿

放松站立，开始发声歌唱的练习吧！（见图 14–1）

图 14–1

2. 呼吸有方法

（1）胸式呼吸

· **练习：胸式呼吸一组两次，共两组。**（见图 14-2）

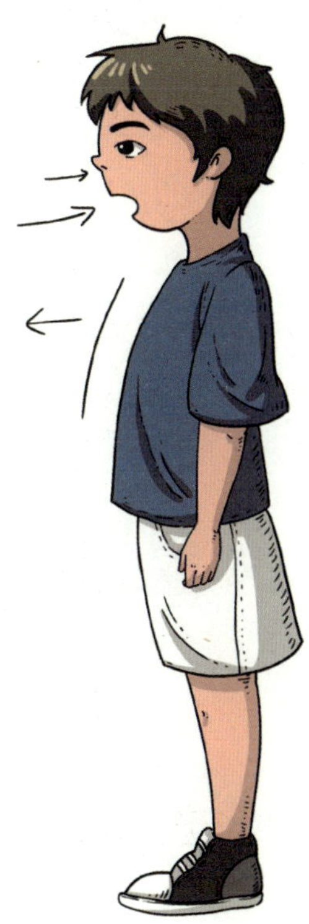

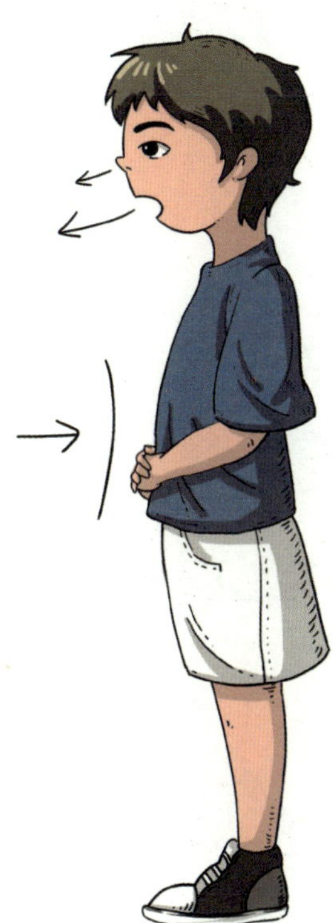

图 14-2

（2）腹式呼吸

· **练习：胸式呼吸一组两次，共两组。**（见图 14-3）

图 14-3

3. 发声有技巧——腹式发声技巧

（1）叹气

· **练习：叹气3–5次，两次叹气间隔几秒。用叹气的方式寻找腹式呼吸的感觉。**

（见图14–4）

图14–4

（2）大声叹气

·练习：大声叹气。一组两次，共两组。两次叹气间隔几秒。（见图 14-5）

图 14-5

4. 长音练习

· **练习：用叹气的方式发出下降的长音“唉↘”。一组两次，共两组。**

（见图 14–6）

图 14–6

附加练习：音高须准确。

音准训练：你能唱准音阶吗？

5. 吐字要清晰

韵　　母	eng
字词练习	héng 衡　fēng zhēng 风筝

6. 声音有含义

一起来做“音义操”。今天我们学习“eng”的音义动作。（见图 14–7）

eng

延展　上扬

图 14–7

吟诵知识

对偶与对联

对偶，就是两个词组或者句子，字数相同、词性相同、结构相同、类属相同、含义相关。比如“绿草”，对偶词组可以有“红花”“蓝天”“白云”“黑土”等。“生绿草”，对偶词组可以有“落红花”“望蓝天”“卷黄云”“爱黑土”等。对偶，是古诗文重要的修辞手法之一。

对联，是由对偶发展出来的文体，也叫楹联、对子等。由两句组成，两句要求对偶。例如：

上联：风声雨声读书声声声入耳

下联：家事国事天下事事事关心

对联可是诗词创作的基本功！

你还知道其他对联吗？

第二课

我会吟诵

1. 练读诵

看着文字谱，用手比出声调的长短高低。自己读诵下面这两首诗吧！读诵完再听听音频里是怎么读诵的。

当家诗

佚名

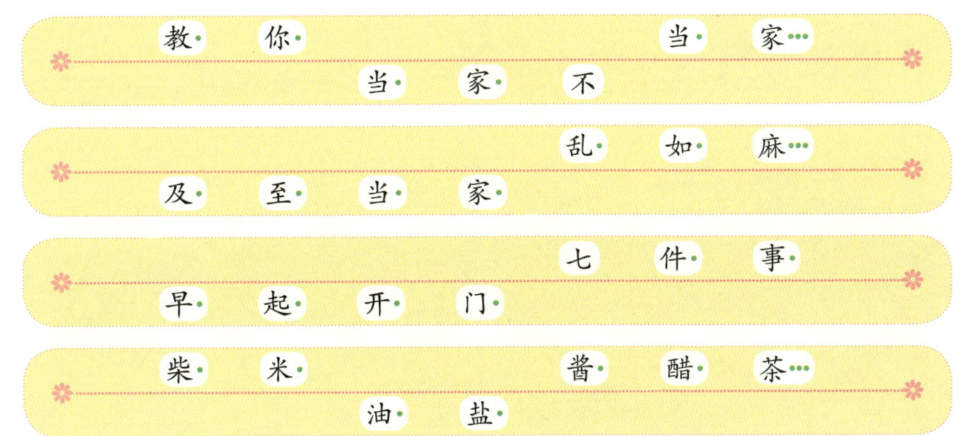

读诵

吟咏

2. 模仿吟咏

学会了读诵，再来试试吟咏吧！

看着文字谱，跟老师一起模仿吟咏《当家诗》。

我能听懂

综合听赏训练：你能听出读诵的诗句中，每个字的长短高低吗？

梅花

［宋］王安石

墙角数枝梅，
凌寒独自开。
遥知不是雪，
为有暗香来。

读诵

第三课

学吟天地

百家姓（节选7）

冷訾辛阚　那简饶空

曾毋沙乜　养鞠须丰

巢关蒯相　查后荆红

游竺权逯　盖益桓公

《百家姓》（节选7）吟咏

姿态训练：伴随着吟诵，可以让身体有节奏地左右摇晃。

学而时习

请你创造一个属于自己的节奏，把《百家姓》（节选 7）吟咏一遍吧！

第四课

吟诵舞台

同学们，请看课堂上老师的示范，特别要注意观察老师在吟诵时的神态和动作。你可以为大家展示一下本单元学的《百家姓》（节选 7）吗？

\\ 展演小贴士 //

1. 姿态身形：相互击掌游戏，变换手上的动作，跟上节奏。

2. 礼仪规范：上台时，先站立，行礼；结束时，行礼收式。

第十五单元

第一课

发声歌唱

1. 体态要自然——站姿

放松站立，开始发声歌唱的练习吧！（见图 15–1）

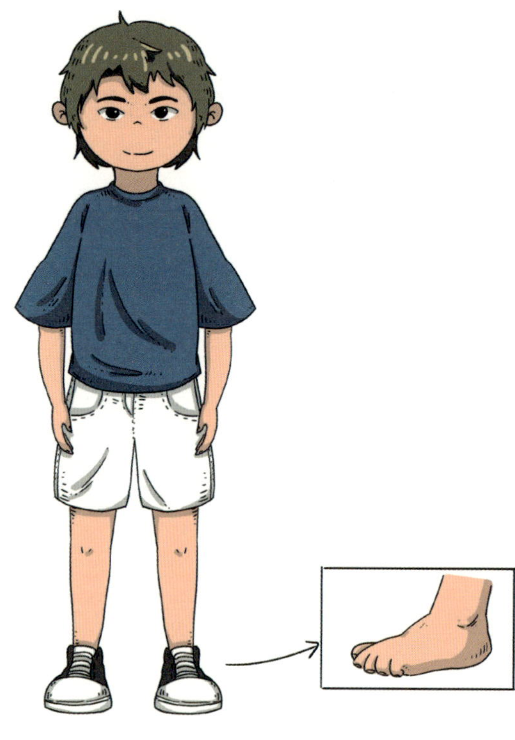

图 15–1

2. 呼吸有方法

（1）胸式呼吸

· **练习：胸式呼吸一组两次，共两组。**（见图 15-2）

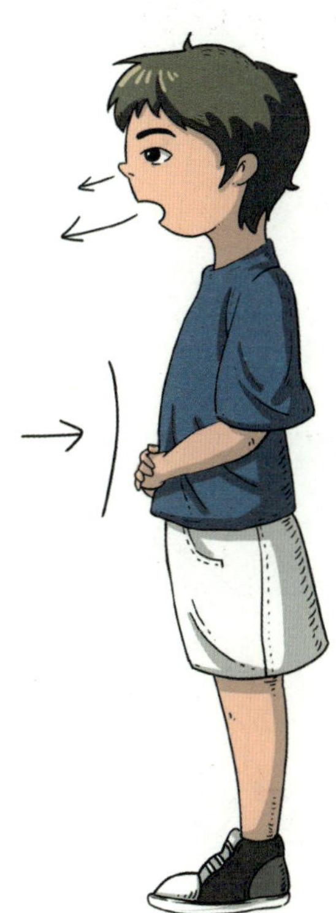

图 15-2

（2）腹式呼吸

· **练习：胸式呼吸一组两次，共两组。**（见图 15-3）

图 15-3

3. 发声有技巧——腹式发声技巧

（1）叹气

·**练习：叹气 3–5 次，两次叹气间隔几秒。用叹气的方式寻找腹式呼吸的感觉。**

（见图 15–4）

图 15–4

（2）大声叹气

· 练习：大声叹气。一组两次，共两组。两次叹气间隔几秒。（见图 15-5）

图 15-5

4. 长音练习

· 练习：用叹气的方式发出下降的长音“唉↘”。一组两次，共两组。

（见图 15-6）

图 15-6

附加练习：音高须准确。

音准训练：你能唱准音阶吗？

5. 吐字要清晰

韵　　母	ing	ong
字词练习	tíng 亭　jǐng 景　xíng 行	sōng 松　hōng 轰　lōng 隆

6. 声音有含义

一起来做“音义操”。今天我们学习“ing”和“ong”的音义动作。（见图 15-7、图 15-8）

ing

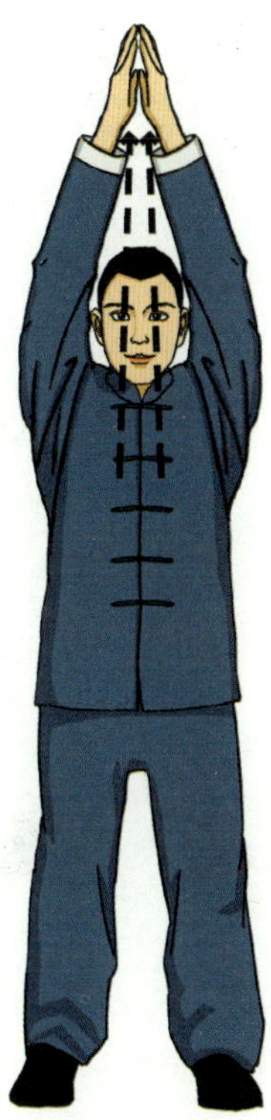

细长　上扬

图 15-7

圆通　大气

图 15–8

吟诵知识

春联是什么

春联是春节时贴在门上的对联，它的格式和一般对联一样，但内容有所不同。春联的内容是一些祝福新年的吉祥话，期盼来年生活幸福美好，为春节增添喜庆祥和的气氛。与一般对联不同的是，春联通常还会配有横批。

贴春联的时候，要注意一点：当你面对门站，上联在你的右手边，下联在你的左手边，横批从右向左写。

你家的春联贴对了吗？

图 15-9

我会吟诵

1. 练读诵

看着文字谱，用手比出声调的长短高低。自己读诵下面这两首诗吧！读诵完再听听音频里是怎么读诵的。

丰 年

《诗经·周颂》

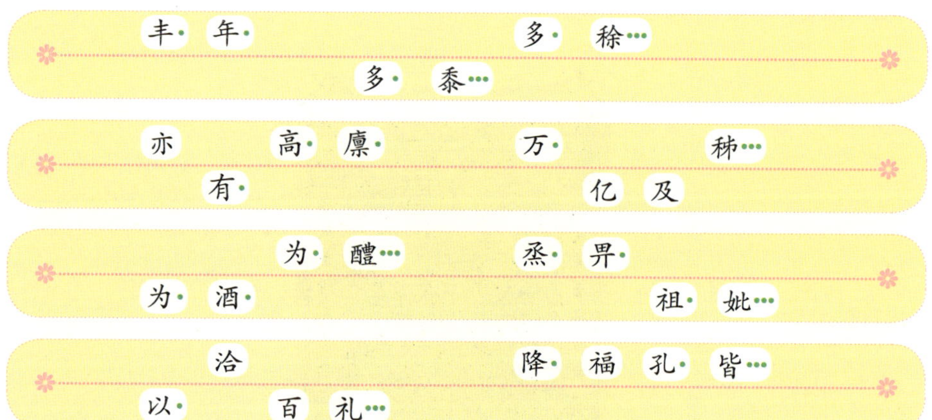

读诵

吟咏

2. 模仿吟咏

学会了读诵，再来试试吟咏吧！

看着文字谱，跟老师一起模仿吟咏《诗经·周颂·丰年》。

我能听懂

综合听赏训练：你能听出读诵的诗句中，每个字的长短高低吗？

夏日绝句

［宋］李清照

生当作人杰，

死亦为鬼雄。

至今思项羽，

不肯过江东。

读诵

学吟天地

百家姓（节选 8）

万俟司马 上官欧阳

夏侯诸葛 闻人东方

赫连皇甫 尉迟公羊

澹台公冶 宗政濮阳

淳于单于 太叔申屠

公孙仲孙 轩辕令狐

钟离宇文 长孙慕容

鲜于闾丘 司徒司空

《百家姓》（节选 8）吟咏

姿态训练：伴随着吟诵，可以让身体有节奏地左右摇晃。

学而时习

请你创造一个属于自己的节奏，把《百家姓》（节选 8）吟咏一遍吧！

吟诵舞台

第四课

同学们，请看课堂上老师的示范，特别要注意观察老师在吟诵时的神态和动作。你可以为大家展示一下本单元学的《百家姓》（节选 8）吗？

\\ 展演小贴士 //

1. 姿态动作：从手上动作，增加到脚下的动作，如走步和蹦跳，形成身体动作的节奏训练。

2. 礼仪规范：上台时，先站立，行揖礼；结束时，行礼收式。

附录一

三字经（节选）

人之初　性本善　性相近　习相远
苟不教　性乃迁　教之道　贵以专
昔孟母　择邻处　子不学　断机杼
窦燕山　有义方　教五子　名俱扬

养不教　父之过　教不严　师之惰
子不学　非所宜　幼不学　老何为
玉不琢　不成器　人不学　不知义
为人子　方少时　亲师友　习礼仪
香九龄　能温席　孝于亲　所当执
融四岁　能让梨　弟于长　宜先知

首孝弟　次见闻　知某数　识某文
一而十　十而百　百而千　千而万
三才者　天地人　三光者　日月星
三纲者　君臣义　父子亲　夫妇顺

曰春夏　曰秋冬　此四时　运不穷
曰南北　曰西东　此四方　应乎中

曰水火　木金土　此五行　本乎数
曰仁义　礼智信　此五常　不容紊
稻粱菽　麦黍稷　此六谷　人所食
马牛羊　鸡犬豕　此六畜　人所饲
曰喜怒　曰哀惧　爱恶欲　七情具
匏土革　木石金　丝与竹　乃八音

高曾祖　父而身　身而子　子而孙
自子孙　至玄曾　乃九族　人之伦
父子恩　夫妇从　兄则友　弟则恭
长幼序　友与朋　君则敬　臣则忠
此十义　人所同

凡训蒙　须讲究　详训诂　明句读
为学者　必有初　小学终　至四书
论语者　二十篇　群弟子　记善言
孟子者　七篇止　讲道德　说仁义
作中庸　子思笔　中不偏　庸不易
作大学　乃曾子　自修齐　至平治

孝经通　四书熟　如六经　始可读
诗书易　礼春秋　号六经　当讲求
有连山　有归藏　有周易　三易详
有典谟　有训诰　有誓命　书之奥
我周公　作周礼　著六官　存治体
大小戴　注礼记　述圣言　礼乐备
曰国风　曰雅颂　号四诗　当讽咏

诗既亡　春秋作　寓褒贬　别善恶
三传者　有公羊　有左氏　有谷梁
经既明　方读子　撮其要　记其事
五子者　有荀扬　文中子　及老庄

经子通　读诸史　考世系　知终始
自羲农　至黄帝　号三皇　居上世
唐有虞　号二帝　相揖逊　称盛世
夏有禹　商有汤　周文武　称三王

夏传子　家天下　四百载　迁夏社
汤伐夏　国号商　六百载　至纣亡
周武王　始诛纣　八百载　最长久
周辙东　王纲坠　逞干戈　尚游说
始春秋　终战国　五霸强　七雄出
嬴秦氏　始兼并　传二世　楚汉争

高祖兴　汉业建　至孝平　王莽篡
光武兴　为东汉　四百年　终于献
魏蜀吴　争汉鼎　号三国　迄两晋
宋齐继　梁陈承　为南朝　都金陵
北元魏　分东西　宇文周　与高齐
迨至隋　一土宇　不再传　失统绪
唐高祖　起义师　除隋乱　创国基
二十传　三百载　梁灭之　国乃改
梁唐晋　及汉周　称五代　皆有由

炎宋兴　受周禅　十八传　南北混
辽与金　帝号纷　迨灭辽　宋犹存
至元兴　金绪歇　有宋世　一同灭
并中国　兼戎狄　九十年　国祚废

太祖兴　国大明　号洪武　都金陵
迨成祖　迁燕京　十六世　至崇祯
廿四史　全在兹　载治乱　知兴衰
读史者　考实录　通古今　若亲目
口而诵　心而惟　朝于斯　夕于斯

昔仲尼　师项橐　古圣贤　尚勤学
赵中令　读鲁论　彼既仕　学且勤
披蒲编　削竹简　彼无书　且知勉
头悬梁　锥刺股　彼不教　自勤苦

如囊萤　如映雪　家虽贫　学不辍
如负薪　如挂角　身虽劳　犹苦卓
苏老泉　二十七　始发愤　读书籍
彼既老　犹悔迟　尔小生　宜早思
若梁灏　八十二　对大廷　魁多士
彼既成　众称异　尔小生　宜立志

莹八岁　能咏诗　泌七岁　能赋棋
彼颖悟　人称奇　尔幼学　当效之
蔡文姬　能辨琴　谢道韫　能咏吟

彼女子　且聪敏　尔男子　当自警
唐刘晏　方七岁　举神童　作正字
彼虽幼　身已仕　尔幼学　勉而致
有为者　亦若是

犬守夜　鸡司晨　苟不学　曷为人
蚕吐丝　蜂酿蜜　人不学　不如物
幼而学　壮而行　上致君　下泽民
扬名声　显父母　光于前　裕于后
人遗子　金满籝　我教子　惟一经
勤有功　戏无益　戒之哉　宜勉力

作者注：为教学需要，本书选用南宋王应麟著，清代王相注解的《三字经训诂》版本，与流行版本不同，内容有个别改动。

《三字经》

附录二

百家姓（节选）

赵钱孙李　周吴郑王　冯陈褚卫　蒋沈韩杨
朱秦尤许　何吕施张　孔曹严华　金魏陶姜
戚谢邹喻　柏水窦章　云苏潘葛　奚范彭郎
鲁韦昌马　苗凤花方　俞任袁柳　酆鲍史唐
费廉岑薛　雷贺倪汤　滕殷罗毕　郝邬安常
乐于时傅　皮卞齐康　伍余元卜　顾孟平黄
和穆萧尹　姚邵湛汪　祁毛禹狄　米贝明臧
计伏成戴　谈宋茅庞　熊纪舒屈　项祝董梁
杜阮蓝闵　席季麻强

贾路娄危　江童颜郭　梅盛林刁　钟徐邱骆
高夏蔡田　樊胡凌霍　虞万支柯　昝管卢莫
经房裘缪　干解应宗　丁宣贲邓　郁单杭洪
包诸左石　崔吉钮龚　程嵇邢滑　裴陆荣翁
荀羊於惠　甄曲家封　芮羿储靳　汲邴糜松
井段富巫　乌焦巴弓　牧隗山谷　车侯宓蓬
全郗班仰　秋仲伊宫　宁仇栾暴　甘钭厉戎
祖武符刘　景詹束龙　索咸籍赖　卓蔺屠蒙

叶幸司韶　郜黎蓟溥　印宿白怀　蒲邰从鄂
池乔阳郁　胥能苍双　闻莘党翟　谭贡劳逄
姬申扶堵　冉宰郦雍　郤璩桑桂　濮牛寿通
边扈燕冀　郏浦尚农　温别庄晏　柴瞿阎充
慕连茹习　宦艾鱼容　向古易慎　戈廖庾终
暨居衡步　都耿满弘　匡国文寇　广禄阙东
欧殳沃利　蔚越夔隆　师巩厍聂　晁勾敖融
冷訾辛阚　那简饶空　曾毋沙乜　养鞠须丰
巢关蒯相　查后荆红　游竺权逯　盖益桓公

万俟司马　上官欧阳　夏侯诸葛　闻人东方
赫连皇甫　尉迟公羊　澹台公冶　宗政濮阳
淳于单于　太叔申屠　公孙仲孙　轩辕令狐
钟离宇文　长孙慕容　鲜于闾丘　司徒司空

作者注：为教学需要，本书采用的是《百家姓》宋编本，岳麓书社 2005 年 9 月出版，与流行版本不同。

《百家姓》

附录三

汉语拼音音义操（汉语部分）

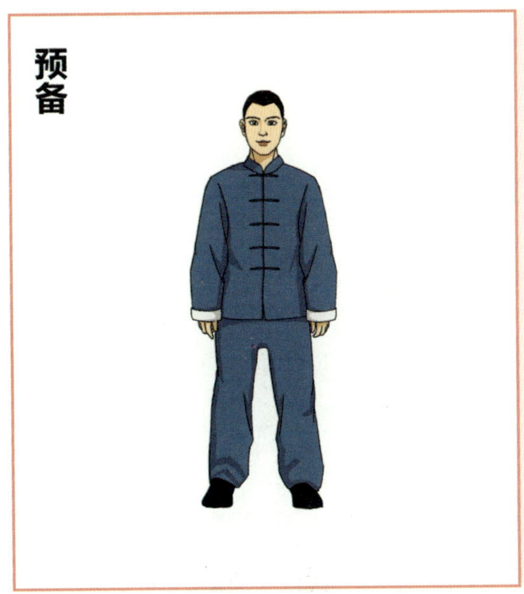

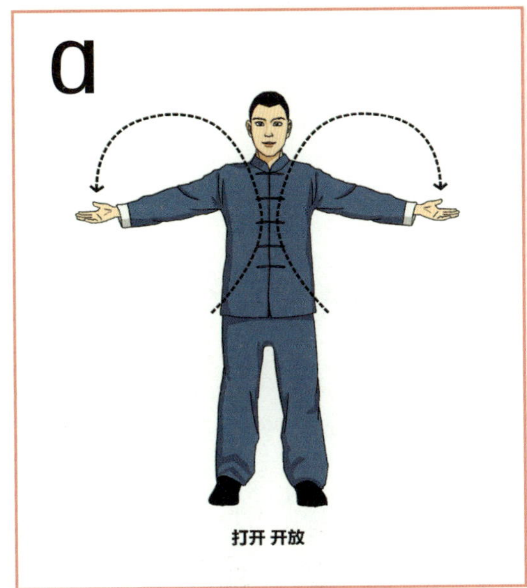

o

圆形 通透

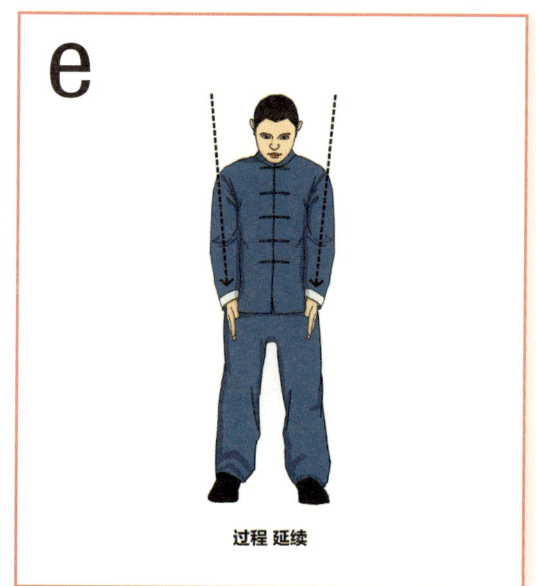

过程 延续

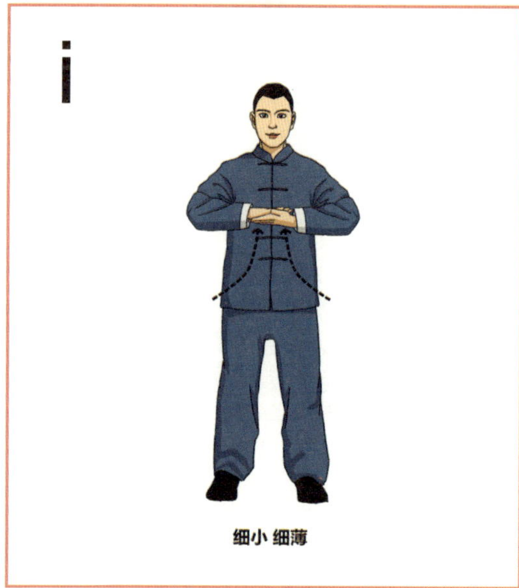

细小 细薄

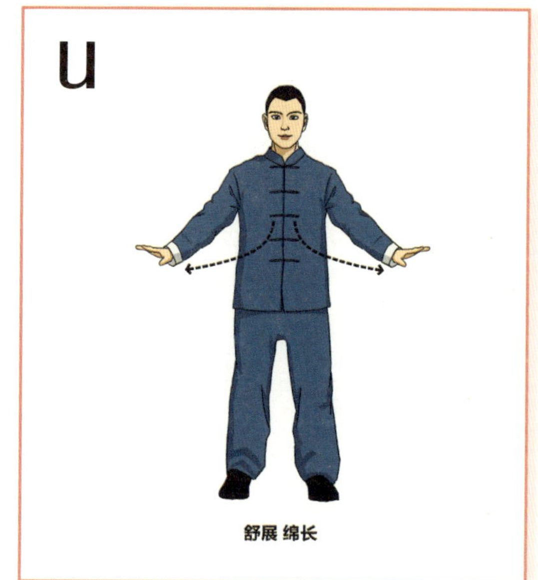

舒展 绵长

细薄 轻柔

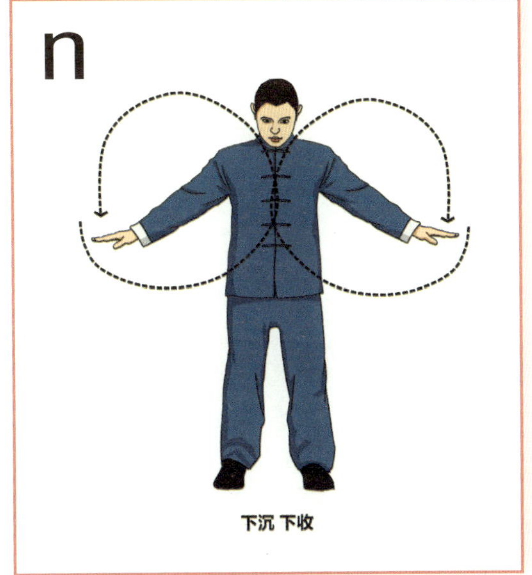

下沉 下收

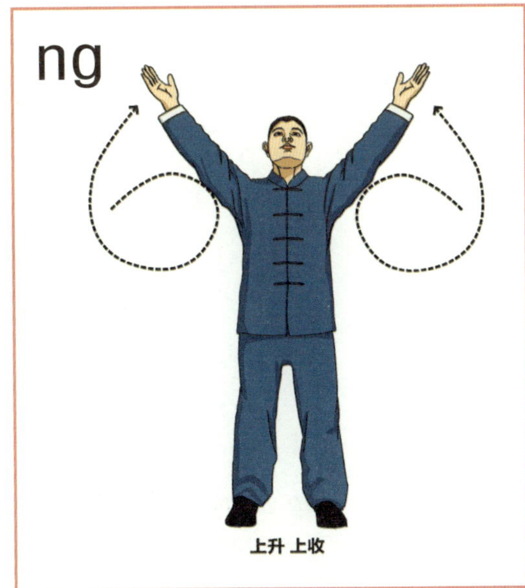

上升 上收

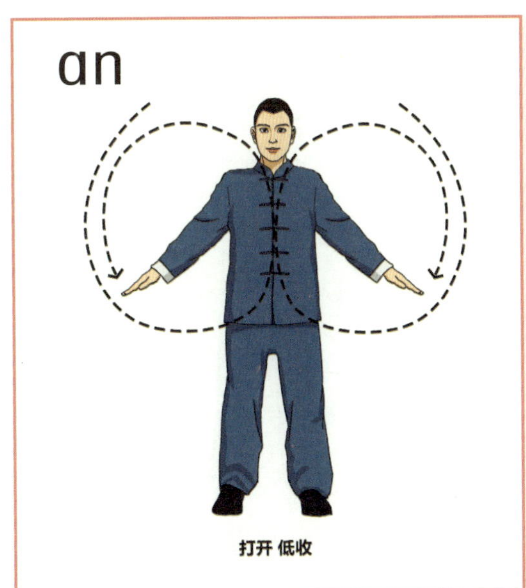

打开 低收

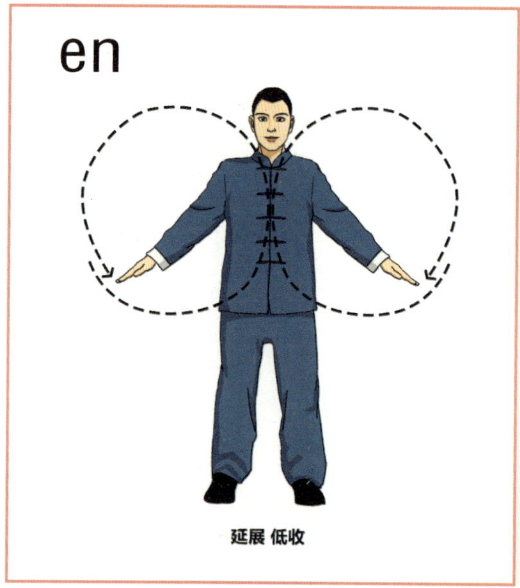

延展 低收

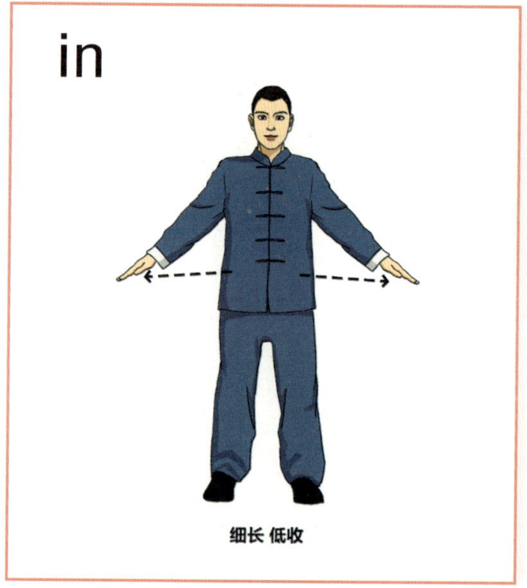

细长 低收

舒缓 低收

开阔 上扬

延展 上扬

细长 上扬

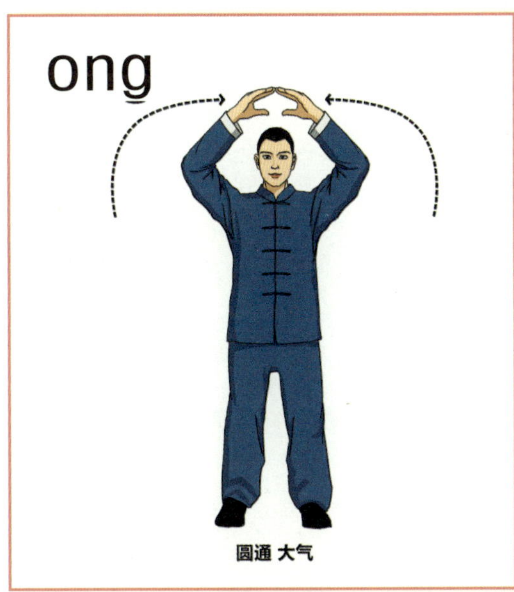

圆通 大气

附录四

吟诵的教育意义

1. 激发兴趣

吟诵恢复了汉诗文本来的美丽的声音形式，使得我们重新喜爱上了古诗文。

2. 加深记忆

吟诵有旋律和节奏，首先很好听，并且吟诵包含了对诗文的理解，按照诗文的声韵规律进行，从而加深了记忆。

3. 正心诚意

吟诵的基本规矩是依字行腔、依义行调，即唱自己的歌。吟诵首先能够让我们唱自己的歌，能够自然真诚地表达自己的情感。

4. 正音识字

汉字是音形义一体的意象整体，吟诵正是按照汉字的规律去识字，是识字正音的科学方法，吟诵识字的有效性已经有实践证明了。

5. 正确理解

吟诵是汉诗文的传统读法，而读法对诗文的含义是有影响的，读法中承载着意义，读错就会理解错，因而正确吟诵是正确理解古诗文含义的基础之一。

6. 开启创作

因为汉诗文本来就是吟诵着创作、吟诵着传承的，所以以吟诵的方式学习，很多难题就迎刃而解。比如古诗文的语感问题、语法问题，尤其是音韵和格律的问题，都变得有趣而简单。会吟诵就很容易学会创作，不管作诗的水平如何，至少可以作诗。

7. 创编音乐

吟诵还是汉语音乐的创作方法。汉语音乐的旋律是从语言里来的。所以吟诵教学在音乐课上，会教授和鼓励学生们自己创编音乐。这是中华音乐走出自己的道路的根本关键。

8. 涵养气质

吟诵是中华文化精神传承和气质培养的途径之一。道理的讲解属于理性的层面，而内在气质的涵养则需要外在形式来感化。吟诵属于读书的形式，它与人生态度的熏陶培养有关。吟诵时不只是要明白道理，更要体味作者的语气、神态、表情，进而体悟作者的精神境界提升自身的气质。

附录五

最美吟诵锦集

扫描查看更多内容